Gaston **BONNERY**

PAGES OUBLIÉES

Légendes et Traditions

LE MANS

IMPRIMERIE ET LITHOGRAPHIE MONNOYER

12, PLACE DES JACOBINS, 12

1909

PAGES OUBLIÉES

La raison éclairée par la foi,
appuyée sur la science, parvient
à avoir une certaine intelligence.

La foi et la science ne sont pas des ennemies, ce sont deux sœurs véritables, deux amies intimes, qui dès qu'elles se sentent appuyées l'une par l'autre, marchent plus sûrement dans les chemins de la vérité.

Tout en ne cherchant pas à faire de la science qui a été donnée à l'homme pour le bien, et non pour le mal, il me semble que l'âme des vertus de la science, est d'être une chercheuse perpétuelle. Si parfois elle se trompe, elle redresse aussi ses erreurs devant les faits exposés quand les arguments lui paraissent clairs. Il en est de même dans les merveilles réalisées dans l'ordre des sciences et les admirables inventions qui caractérisent notre temps et font sa gloire.

Je n'ai pas, bien certainement, l'intention de refaire l'histoire, ni la description de la Touraine si favorisée du Ciel et qui pourrait être un des plus heureux séjours de la France. Ce travail a été fait un grand nombre de fois, je toucherai seulement quelques points d'histoire ou de légende dont on s'est moins occupé, voilà mon but.

Jetons d'abord un regard, à vol d'oiseau, sur cette

histoire de la Touraine, puisque légendes, recherches archéologiques, admiration du touriste, inquiétudes et indécisions du chercheur, pivotent sur cette histoire :

Sous la domination Romaine, la Touraine était gouvernée par un chef militaire; sous le règne des Mérovingiens et des Carlovingiens elle était administrée par un Comte nommé par le roi. Les Sénéchaux étaient placés sous l'autorité de ces princes revêtus de la dignité supérieure; leurs attributions comprenaient l'administration générale de la justice. Lors de leur suppression au xiv⁰ siècle, ils furent remplacés par les Baillis-Gouverneurs qui existèrent jusque vers le milieu du xvi⁰ siècle, époque de la désunion des Gouverneurs-Lieutenants Généraux et de la création des pouvoirs judiciaires et militaires. —

Les Intendants militaires créés vers cette époque étendirent leur pouvoir sur la *Généralité de Tours*, instituée par François Iᵉʳ et comprenant la *Touraine*, l'*Anjou* et le *Maine*.

Comme Armoiries : La province de Touraine portait : de *gueules au château d'argent à la bordure componée de Jérusalem qui est d'argent, à la croix potencée d'or, cantonnée de quatre croisettes du même, et de Naples et Sicile qui est d'azur semé de fleurs de lis d'or au lambel de gueules.*

C'est l'esprit qui fait la vie des institutions, comme c'est l'âme qui fait la vie du corps. A la vieille devise « si veult le roi, si veult la loi », avait succédé la formule « la Nation, la Loi, le Roi ». La Constituante guidée par Siéyès substitua aux provinces les départements qui furent décrétés le 26 Février 1790 et organisés par décret du 4 Mars suivant; le département d'Indre-et-Loire, en particulier, a été créé par une décision du 26 Janvier 1790 sous le nom de département de la Touraine, ce fut donc seulement dans le décret général du 26 Février qu'il reçut sa désignation actuelle.

Si nos provinces ont disparu, l'usage est resté de dire : « Demeurer en province », comme on dit de quelqu'un qui n'a pas certaines manières extra-modernes : « Il a encore un air de province ».

Le devoir du voyageur touriste est d'interroger toutes les voix, d'écouter tous les échos, et ces pages écrites *aujourd'hui* sont faites pour être oubliées *demain* ; car, nous ne sommes plus au temps où un homme qui pense est dangereux, aussi n'emploierai-je ni les ressources de l'érudition, ni l'éloquence de l'orateur ; le style ne s'apprend point et ne s'imite point. Un livre fait la joie du plus grand nombre. C'est presque une société, parce qu'il offre un plaisir nouveau, il égaye les loisirs de l'âme dans la solitude, état d'âme si peu connu et si peu apprécié du vulgaire, qui vit d'agitations stériles. Au surplus, il est bien malaisé de connaître quel est le meilleur cadre de la vie, à la gaieté inhérente, à la jeunesse et au printemps de la vie, succède l'amitié embellissant l'âge mur et l'hiver de cette vie, le souvenir a bien aussi ses charmes.

Ces pages oubliées ne sont que des souvenirs et des travaux personnels, dont j'aime en ma retraite, à discourir avec quelques amis qui deviennent de plus en plus rares. C'est un plaisir d'avoir vu ce dont on parle, le fabuliste n'a-t-il pas dit : « Quiconque n'a point vu n'a guère à dire ».

J'ai parcouru la Touraine et j'ai beaucoup vu, et je voudrais dire beaucoup pour la faire connaître et aussi davantage le jardin de la France ; au reste ne vous fiez pas trop à mes impressions, en voyage, je suis philosophe et j'ai une douce propension à trouver tout charmant.

Je ne parle point en érudit, n'ayant aucune qualité

maîtresse d'un historien et n'ai jamais songé à le devenir, alors qu'autour de moi, il y a une pépinière de
jeunes, des maîtres distingués et zélés vulgarisateurs
apportant une haute situation scientifique.

L'utilité et l'opportunité des connaissances archéologiques, se font sentir de plus en plus, je dis des connaissances et non de la science qui ne sera toujours le
partage que du petit nombre. Les dons du ciel sont par-
tagés et il est bien rare de les voir réunis.

L'homme en sculptant sa vie, s'attache au coin de
terre fécondé par les tombeaux de ses pères, et son ciel
fut-il le plus sombre, qu'il est pour lui le plus beau,
c'est que la vue du clocher émeut toujours l'âme populaire et lui rappelle des plaisirs qui inondent le cœur,
plus suaves parfois que les parfums.

Le clocher qui perce les nues, rappelle encore que
la vraie religion a seule percé victorieusement les téné-
breuses aberrations de l'intelligence humaine, la religion
c'est le sentiment universel pour toutes les races de
l'humanité.

Dans ses limites, la Touraine renferme des richesses
incomparables en architecture religieuse, civile et militaire, mine inépuisable dans laquelle chacun trouve une
source féconde.

Les ruines redisent en notre époque sceptique et railleuse, la majesté d'un passé parfois féérique, précieux
témoins d'une autre civilisation. L'archéologie dès lors,
devient un de principes de l'histoire dont à chaque pas
on tourne un feuillet. Les savants ont étudié la Touraine, les poètes l'ont chantée, en leurs inspirations,
les philosophes l'ont préconisée, les artistes en ont
copié les sites, son territoire a été sillonné par de nombreuses armées, la guerre étant nécessaire et le temps
l'ayant consacrée. Les peuples ont, dans leur soif de
repos crié maintes fois : *Pax, Pax* et la guerre a tou-

jours répondu à leurs cris désespérés. Or, si le courage, l'épée et le génie sont des instruments dont Dieu se sert pour sauver une nation, il faut aussi du patriotisme, de la foi et des mœurs; car, les vertus seules font le prix de la société. A toutes les époques il faut du courage pour être vertueux.

Il n'y a pas d'effet sans cause, et si dans le monde, cette cause est inconnue, ce n'est pas une raison pour qu'elle n'existe pas.

Les faits que l'histoire ne parvient pas toujours à élucider trouvent parfois leur raison d'être dans *les Légendes*, ces champs vastes et mystérieux, où l'on rencontre souvent de curieuses poésies, humbles fleurs de l'histoire, mais scintillants miroirs où se reflète la physionomie des hommes et des choses. A l'instar des proverbes qui se sont transmis à travers les siècles, il est quelquefois difficile de découvrir l'origine d'une légende populaire, et même de préciser l'époque ou elle a commencé de courir par le monde; quoi qu'il en soit, elle n'en a pas moins une puissance occulte qu'on ne saurait arrêter. Le merveilleux a toujours plu à l'imagination ardente du peuple au moyen âge, et il nous sourit encore aujourd'hui.

Les traditions naïves peuvent amener des railleries de la part de notre savante incrédulité moderne sur la simplicité des conteurs, mais les septiques n'empêcheront pas que ces naïvetés répandent de l'attrait sur les vraisemblances historiques dont on recherche les traces dans les annales et qui font la gloire d'une Patrie.

On aime la légende, non pour sa valeur littéraire, mais pour le bien qu'elle fait à l'esprit et surtout au cœur; elle égaye l'enfant qu'elle berce avec son chant d'amour, comme elle fait sourire celui qui franchit la dernière étape de la vie. Elle distrait l'artisan de son rude labeur, comme elle réveille dans les cœurs la fibre familiale et nationale, en parlant au peuple, des aïeux.

Les légendes ont leur place dans les bibliothèques, comme un bon livre a sa place sur la table que l'on aime à charger de beaux ouvrages, surtout de ceux dont on peut ouvrir les feuillets au hasard, avec la certitude d'y trouver toujours une narration intéressante pour tous les âges.

Le respect pour les choses de la religion, trouve sa part en ces lignes, ce respect est un puissant encouragement à la pratique des nobles vertus. Ici, nul besoin d'efforts de talent, nul artifice de style, il suffit d'être vrai. Partout où dominent des cris de fureur, des extravagances ont été dites et commises et sont les plus graves symptômes du mal qui nous dévore. Une nouvelle invasion couvre la France, toutes les croyances sont renversées, l'esprit religieux a disparu de l'enseignement, de la littérature, de la vie publique et bientôt peut-être de la vie privée. On ne peut comprendre que la liberté de conscience soit une arme contre le christianisme. Aussi, quand la Patrie croule, on ne quitte pas facilement sa famille, incertains de l'état dans lequel on la retrouvera à son retour. Mieux vaut-il être persécuté que de conniver à son propre dépouillement; l'iniquité, tôt ou tard, peut être redressée, mais on n'a plus le droit d'y prétendre quand on souscrit à sa honte.

Les historiens chrétiens qui chercheront à décrire notre époque avec impartialité, devront se souvenir que les promesses étaient un leurre, les serments un jeu, la foi un vain nom ; il leur faudra une certaine fermeté de caractère pour ne pas s'y perdre complètement.

La coexistence du bien et du mal, de l'ordre et du désordre est vieille comme le monde ; car, toujours il y eu et il y aura des hommes qui s'efforceront de détruire avec fracas le vaisseau qui les porte, au risque de s'ensevelir avec lui, parce que la fausse philanthropie rêve une société sans freins. sans institutions, sans lois, sans Dieu. Que les triomphateurs, à l'heure où nous vivons, se plongent jusqu'à l'ivresse dans les délices de l'iniquité victorieuse, ils ne renverseront pas Dieu. Dieu les voit et les juge, cela suffit.

Si l'homme qui a acquis une considération veut laisser quelques souvenirs derrière lui, il lui faut pratiquer les vertus de son état à un degré héroïque.

Voilà pourquoi l'honnête homme qui tient une plume la sent frémir entre ses doigts, tellement il craint d'envisager qu'il est dangereux de montrer au peuple un idéal qu'il ne pourra jamais atteindre, malaise social qui caractérise notre époque de transition.

Dieu protège la France !

Vu l'instabilité des âmes humaines, qui peut oser certifier que la langue française qui fut comme le vocabulaire de tous les peuples, ne sera pas un jour une langue morte comme tant d'autres idiomes de nations disparues, et que notre langage ne sera pas réservé à un petit nombre de savants, comme le sont actuellement les langues orientales !

Si quelques amis des lettres ne goûtent pas ces pages, ils n'ont qu'à fermer ce livre et à ne plus y penser.

Quant à ceux qui voudraient refaire plus solidement ce que je n'ai retracé que superficiellement, ils recevront mes sincères remerciements. Comme il faut au lierre l'arbre pour le soutenir, il faut aussi à l'arbre le lierre pour le rafraîchir de sa verdure.

Tours, 21 janvier 1909.

VUE RÉTROSPECTIVE

Sur l'Ancienne Église Saint-Simple a Tours

On voit e re quelques restes de l'église Saint-Simple enclavée dans des immeubles qui bordent à l'est la place Gaston Pailhou, à Tours. Cet édifice religieux s'élevait jadis à l'angle sud-ouest de la ceinture de murailles qui, au xe siècle, enveloppaient le bourg de Saint-Martin, appelé depuis Châteauneuf. De ce point, une autre enceinte prit naissance dans le cours du xive siècle, et la porte d'accès de la ville s'appela Porte Saint-Simple, du nom d'un des disciples de saint Maur, venus du Mont Cassin, dans le royaume de Naples, vers le milieu du vie siècle; ces religieux fondèrent le monastère de Glanfeuil, au diocèse d'Angers, aujourd'hui Saint-Maur-sur-Loire et dont le nom fut donné au xviie siècle, à la savante Congrégation des Bénédictins, illustrée depuis par les Montfaucon, les Mabillon, les Ducange, les Ruinart; elle est encore actuellement, quoique réfugiée sur la terre étrangère, comme une nouvelle « arche de Noé » ouverte à tous ceux qui ont besoin de fuir le monde, ou dont la position ou le cœur sont brisés par notre bouleversement.

Cette antique Église Saint-S ple, connue dès le ixe siècle, par un diplôme de Charles le Chauve, fut saccagée par les Normands de Rollon, puis incendiée par

Foulques Nerra, comte d'Anjou, en même temps qu'un grand nombre d'autres églises. Les témoignages historiques nous donnent une idée de ce que pouvait être autrefois Châteauneuf, dont les murailles fortifiées étaient en pierres de moyen appareil, quoique les fortifications antiques de Tours suggérassent un autre système.

Si le nom de Foulques Nerra est resté comme celui d'un valeureux capitaine de son temps et l'une des plus grandes figures historiques de son siècle, il faut admettre que cette auréole de gloire a été chèrement payée par les populations; car, il porta le fer et le feu dans les campagnes et y sema le deuil.

Au xii° siècle, Guillaume, pré-chantre de Saint-Martin, donna l'église à l'abbaye de Saint-Florent-de-Saumur, avec le droit de patronage qui était fort recherché. L'église donna naissance à un bourg et, comme paroisse, est signalée dans une bulle du Pape Luce III, réservant aux évêques leur juridiction sur les églises paroissiales situées sur les propriétés du chapitre de Saint-Martin.

A la suite d'un nouvel incendie, la reconstruction de Saint-Simple s'accrut de multiples dons. Les voyageurs pélerins de toutes les contrées venaient au Tombeau du Thaumaturge des Gaules et trouvaient, dans de nombreuses maisons hospitalières, provisions et secours de toute nature, ainsi les chanoines de Saint-Martin avaient le droit de prendre la veille de la Nativité de Saint Jean-Baptiste chez les boulangers, deux buches et un fagot de bois d'allumage pour faire, dans le cloître, le feu de joie appelé (Jouannée).

Malheureusement, après tant de vicissitudes, le culte catholique fut supprimé, comme en fait foi une ordonnance de Mgr de Conzié.

Cette suppression qui concerna diverses églises, amena un remaniement des paroisses; les paroissiens en furent incorporés aux territoires sur lesquels s'étendaient les juridictions des curés de Saint-Clément, Saint-Jean-de-Beaumont et Saint-Venant. D'autres réformes ne tardèrent pas à avoir lieu ; toutes ces églises disparurent elles-mêmes.

Dans la collégiale de Saint-Venant, dont le nom tombe sous la plume, avait lieu la bénédiction des vers à soie, chère aux ouvriers en soie que Louis XI avait établis en la ville de Tours, dès 1470. Le Tellier, marchand de soie y avait secondé les vues de Henri IV, par un édit de 1602, ordonnait qu'on plantât des mûriers dans tout le royaume. Hélas, les mûriers plantés par Henri IV et les utiles réformes opérées par Sully, renouvelées par Louvois, ont disparu du jardin de la France.

De cette église Saint-Simple, vendue aux mêmes conditions que les biens nationaux, il ne reste actuellement qu'une partie de la nef rectangulaire, limitée à l'ouest par deux piliers supportant un arceau, vestige du clocher et servant de mitoyenneté, et à l'est par une abside rectiligne. La voûte en bois est formée de jambes de force courbées et de bardeaux soutenant une toiture d'ardoises, les anciens tirants sont coupés au ras des murs.

La façade septentrionale porte les indices de divers remaniements. On y remarque quelques fenêtres à plein cintre, mûrées, ainsi qu'une grande fenêtre à meneaux, qui dut faire partie du mur mitoyen avec la maison presbytérale ; une corniche couronne le mur. Si la croix de Notre Sauveur n'y scintille plus au milieu des lumières de l'autel dédié à Notre-Dame, la partie supérieure du mur du chevet est ornée d'une peinture murale, sur laquelle on peut suivre la composition des couleurs du peintre qui a représenté la *Salutation Angélique*. Observateur des textes, c'est dans une pièce close qu'il a rappelé l'entrevue mystérieuse qui eut lieu vers le déclin du jour, lorsque Marie offrait sa prière au Dieu d'Abraham, d'Isaac et de Jacob. On aperçoit sur le fond jaune, une tenture formée de rinceaux et de quintefeuilles de couleur pourpre : à notre droite, un messager de l'armée céleste, de grandeur naturelle, aux ailes d'or pâle, s'incline respectueusement ; son manteau d'azur léger recouvre une robe blanche, tout indique qu'il apporte sur la terre les décrets du Ciel. A notre gauche, la Vierge en oraison extatique, a malheureusement presque disparu ; un fragment de vêtement et une draperie sombre témoignent seulement de la position du personnage divin. Dans la partie centrale, est un cartouche tracé en noir, on y lit en lettres romaines, le mot *plena* qui termine la phrase de la salutation adressée par la voix angélique, dialogue unique dans l'histoire de toutes les religions. Le tout est encadré d'une large bordure à entrelacs de feuillages variés, de filets de diverses couleurs, à l'imitation d'une étoffe orientale.

DISSERTATION

Sur un Teston de François Ier,

Frappé avec la Grille d'argent, offerte par Louis XI Au Tombeau de Saint-Martin.

———

L'antique Basilique de Saint-Martin à Tours, agrandie par Hervé de Buzançay fut consacrée en 1014. Elle s'écroula le 2 novembre 1797, après avoir été transformée en une écurie pour le service des charrois militaires.

L'abside primitive renfermant le tombeau de l'apôtre des Gaules, se trouva elle-même englobée dans la nouvelle Basilique.

Le tombeau composé d'un sarcophage était posé sur un petit mur adossé à l'autel du sanctuaire ; la tête du Saint était tournée du côté de l'autel et les pieds vers le fond de l'abside ou de l'est. Enfin le repos de saint Martin se trouvait environné d'un déambulatoire, afin de permettre aux pèlerins d'en approcher tout en étant protégé par une balustrade en fer.

Louis XI fit remplacer cette œuvre de serrurerie, qui remontait aux premiers temps du christianisme, par une grille en métal d'argent, à la suite d'un vœu qu'il fit en apprenant la mort de Charles le Téméraire, duc de Bourgogne, tué au siège de Nancy, en 1477.

Par lettres patentes du 11 juillet 1478 et le 17e du règne de Louis XI, les frères Gallant, orfèvres du roi, exécutèrent cette œuvre d'art qui fut posée autour du tombeau de saint Martin, par les soins de Guillaume

Bazire. Le différent du maître de la monnaie de Tours, qu'on rencontre sur les pièces d'argent de l'époque, est de trois points entre la tour et la couronnelle. La valeur intrinsèque de cet entourage en argent, telle qu'elle ressort des comptes par lettres patentes du 23 novembre 1478, serait de 370.000 francs, qui, calculés par le cœfficient 6 donnerait une valeur artistique de deux millions.

François Ier dont les prodigalités avaient épuisé les finances, dut en 1522, donner l'ordre impérieux au Surintendant J. de Beaune Semblançay, et à Girard Lecoq, maître des requêtes, de faire enlever cet ornement d'argent autour du tombeau de saint Martin et d'en convertir le métal en monnaie, à l'atelier monétaire de la ville, afin de payer la solde arriérée des troupes entrées en Italie.

Cette spoliation faite le 8 août de la même année par un roi de France, abbé et chanoine d'honneur de la Basilique par droit féodal, et en présence de nos Seigneurs Jean Gaillard, évêque de Tournay, Pierre de Glandèves, évêque de Bazas, escortés d'un détachement de troupe royale, devait être suivie d'insuccès et de désordres lors de la campagne entreprise au-delà des Alpes, et de quelque côté que l'on se tourne, la fortune se trouve rebelle.

Le Maréchal de Lautrec est défait à la Bicoque. L'amiral Bonnivet est battu à Biagrassio. Bayard surnommé le Chevalier sans peur et sans reproche, meurt sur le champ de bataille à Romagnano. Le Roi de France rend son épée au marquis de Lannoy à Pavie, deux fidèles serviteurs Chabot, comte de Brion, et le Maréchal de Montmorency partagent sa captivité en Espagne. Le roi ne recouvre la liberté, parfois plus précieuse que la gloire, que par le traité de Madrid et en remettant en otage ses deux fils François, dauphin, et Charles, duc d'Orléans. Cet échange eut lieu le

16 mars 1526 au milieu de la rivière de la Bidassoa.

Tels sont les drames terribles ou faillirent sombrer la France et la royauté ; n'y pourrait-on pas voir une punition divine de l'attentat sacrilège commis au tombeau de saint Martin.

Chose curieuse, une pièce de monnaie dite : Teston de François Ier, rappelle cette douloureuse et impie entreprise. A l'avers est l'effigie du roi avec le chaperon et la légende précédée d'une couronnelle : *Franciscus Dei Gratia Francorum Rex*. Une tour termine cette légende qui est le différent du monnayeur de l'atelier de Tours : Jean Mesdon 1522-1527. La ponctuation entre chaque mot est marquée de deux points, et le point secret qui rémonte au 11 septembre 1389, est sous la sixième lettre de Franciscus, accusant l'atelier monétaire de la Touraine, au revers est l'écu royal, dans une rosace avec la légende formée des lettres greco-latines : X P S, *Christus Vincit, Christus Regnat, Christus Imperat,* légende empruntée aux écus d'or depuis Saint Louis et qui devait continuer jusqu'au règne de Louis XVI.

Cette pièce d'argent fut frappée au marteau, arrondie avec des cisailles pour être mise au poids légal. Toutes les pièces qui sortirent de l'atelier de Tours, à cette époque, servirent à divers paiements, dès 1523 par Jean Prévost commis par le roi ; Il reçut à cet effet de Jean Mesdon, maître de la monnaie, 60,000 livres tournois envoyées en Ecosse, et 100,000 livres tournois à Louise de Savoie, mère de François Ier, régente du royaume.

Il est aussi à présumer qu'une certaine somme de livres tournois, entra dans la composition de la rançon payée pour les deux fils du roi, remis en otage et enfermés à la citadelle de Pédrasse.

Cette rançon était fixée à deux millions d'écus d'or au soleil, environ seize millions de notre monnaie.

UNE DIGRESSION VERS SAINT-GEORGES

La route qui se déroule vers Saint-Georges, entre le coteau et le fleuve en amont de la ville de Tours, est charmante, pleine de souvenirs, de sorte que l'on peut faire l'école buissonnière sans trop se détourner de sa direction.

En 1793, lors de la tourmente révolutionnaire, les magistrats municipaux changèrent son nom en celui de « Georges du petit rocher », afin de se complaire entre eux, ils s'apprêtaient à plier leur échine sous l'allure altière des « Grandes roches de Rochecorbon » auxquelles du reste fut réuni leur village par un décret du 2 février 1808.

L'Eglise récemment restaurée se cache au fond d'un petit vallon ; sa tour carrée est ornée d'une corniche à figures grotesques. Une « litre » couvre les murs extérieurs en l'honneur de funérailles quasi princières. Quelques entrelacs carolingiens d'une antique ornementation sont encore plaqués sur ses vieilles murailles. A l'abside est une verrière composée de fragments d'un ancien vitrail à plusieurs personnages. La sacristie creusée dans le tuf est ornée des armoiries de Mgr Mathieu d'Ervault 1693-1716.

Cette paroisse constituait un fief relevant de l'archevêché de Tours, à foi et hommage simple, et 6 deniers de service annuel.

Une peinture murale recouvre la partie supérieure concave du sanctuaire, on y reconnaît le Père Eternel environné des Evangélistes historiens des merveilles de la doctrine de Jésus-Christ, un ange tient entre ses mains un phylactère. Une autre peinture murale recouvrait naguère le mur du chevet, elle a disparu lors des travaux de restauration. On y discernait aisément un groupe de cinq soldats, dont le casque en tête se termine en pointe aigue portant en avant un nasal. C'est le casque normand que les Francs venaient d'adopter, abandonnant l'armure de tête des Légions Romaines. Une calotte de laine protégeait la tête afin d'amortir les coups trop violents des haches d'armes et des masses. Ce n'est, en effet, qu'au xiii° siècle que le heaume apparaît et entre dans la composition de l'armure des chevaliers.

Ce *nasal* rapelle ces deux vers de Basselin :

> « Il vaut mieux cacher son nez dans un grand verre
> « Il est mieux assuré qu'en un casque de guerre. »

Quels étaient ces guerriers ?

Un seigneur Suzerain dont le harnais de guerre était recouvert d'un blason de gueules à trois têtes de léopard, donnant une accolade du plat de l'épée à l'un de ses vasseaux. C'est ainsi que se faisait la cérémonie de « l'investiture ».

Dans celle-ci on pouvait reconnaître Arthur de Bretagne, qui venait d'être proclamé Roi d'Angleterre dans la Basilique de Saint-Martin à Tours. Or ce prince succédait à son oncle Richard Cœur de Lion, tué si malheureusement le 6 avril 1199, au siège de Chalus.

Arthur de Bretagne comme comte de Touraine, élevait par cette investiture Geoffroy de Brenne, seigneur de Rochecorbon, un des plus puissants seigneurs du royaume, à la dignité de Sénéchal des trois provinces d'Anjou, Maine et Touraine.

Le récit des événements de cette époque nous conduirait inutilement à travers de longs et languissants détails d'actions militaires, parfois l'armistice succédait à des opérations entreprises sous le prétexte de quelque offense réelle ou imaginaire, et nous voyons souvent les troupes royales de Philippe-Auguste se heurter aux archers anglais.

Non loin de la chapelle à la description de laquelle je me suis laissé entraîner, se voyait le logis seigneurial ; lui aussi était taillé dans le roc, un gigantesque escalier composé d'une centaine de marches partagées en divers paliers éclairés par de larges ouvertures, faisait communiquer la vallée avec le sommet du plateau, ou retentissaient les pas cadencés des soldats mercenaires.

Sur cet escalier monumental, « l'imagination populaire a broché tout un réseau de fantaisies dans lesquelles on ne doit avoir qu'une confiance limitée. Ainsi l'on raconte que Thibault des Roches, seigneur de Rochecorbon, aussi galant que doué d'un profond savoir, aimait à étendre sa juridiction autour de ses domaines et venait rendre visite à la « Dame de ses pensées », femme d'une maison illustre que la nature avait doué de toutes les qualités de l'esprit comme de la beauté du corps.

Sybille d'Amboise douce et bonne, mais dont le cœur s'ouvrait pour aimer, favorisa les intrigues de son seigneur et maître.

La tourelle hautaine d'un pigeonnier, dernier vestige des droits de « fuie » des anciens possesseurs du pays, porte encore un cartouche dont la sculpture en saillie représente un dragon.

Sur le territoire de l'ancien fief de Saint-Georges, s'élève aujourd'hui le domaine de Rosnay, avec sa haute futaie et son joyeux vivier. Paul Scarron venait dans sa jeunesse y passer quelques jours chez son oncle, Nicolas Scarron de Rosnay, alors que son père était occupé comme conseiller au Parlement sous Louis XIII.

ESSAI D'INTERPRÉTATION

Des Emblèmes d'une Maison noble au lieu dit la « Gatinière ».

———

Au flanc du coteau se déroulant sur la vallée du village de Rochecorbon, s'étage une ruche joyeuse d'habitations rurales dont les constructions à pignons alternent avec les « caves-habitations ».

Là, est le hameau de la « Gatinière », ou l'attention du touriste est attirée par une pierre armoiriée encastrée dans l'épaisseur d'un mur.

Dans le champ de l'écu, un oiseau est posé sur deux branches accompagnées de deux roses, et en pointe d'un croissant, une date 1595 figure au-dessus d'une inscription en caractères inconnus.

Antoine Rivarol qui vivait au commencement du xixᵉ siècle, à l'esprit caustique et prodigue de bons mots, nous dit : « Celui qui créa l'alphabet remit en nos mains le fil de nos pensées et la clef de la nature. »

La bizarrerie des lettres de cette inscription, présente un style lapidaire original, et les caractères dénotent des éléments d'un alphabet inconnu. Ils semblent rappeler les caractères du Bobeloth, fabriquant à plaisir en formes barbares, l'alphabet latin du moyen âge. Les chiffres arabes mêmes présentent deux variétés dans leur forme.

Quant au croissant qui figure au nombre des pièces du blason, il indiquerait une branche cadette, ou il se rattacherait aux Valois; le croissant disparaît avec la branche qui s'éteint par l'avènement du roi de Navarre.

Diverses hypothèses peuvent être émises :

On peut lire : Servien de Béquassière, l'oiseau étant une bécasse, nous aurions un jeu de mots rappelant la franche gaieté gauloise, un écho du rire large de Rabelais, d'autant plus que le fief de la Bécassière existait outre-Loire.

Si on tient lieu du « sigle » figurant dans le prénom, on peut lire :

Sestien pour Sébastien.

Si on procède de la même manière par le « sigle » figurant après la première lettre du nom de famille, on peut lire :

Du Bois Collagny pour Colligny, ou bien encore : du Bois Dauphin.

Nous livrons à nos amis et connaissances, le soin de déchiffrer ce rébus, puisse leur perspicacité y trouver une nouvelle interprétation.

La critique possède ses criteriums.

LÉGENDE DE LA LANTERNE DE ROCHECORBON.

Parmi les monuments historiques des environs de Tours, est un joyau, connu sous le nom populaire de la Lanterne de Rochecorbon.

C'est une tour svelte, de peu d'épaisseur, faisant partie jadis d'une fortification moyenageuse et qui comme une aiguille s'élance hardiment dans l'espace, tantôt brûlée par le soleil, tantôt lavée par les pluies, mais bravant toujours les intempéries des saisons et les insultes des siècles.

Elle sollicite l'intérêt du touriste, aussi bien que l'attention de l'archéologue. Son origine remonte, en effet, à l'un de ces personnages qui illustrèrent le Comté de Touraine avant sa réunion à la couronne, sous Philippe-Auguste, c'est-à-dire, à cette noblesse qui avec le sang transmettait en héritage la foi, le courage et l'honneur.

On raconte que Corbon, sire des Roches, qui vivait au seuil du xi° siècle, et dont la famille s'illustra par les actions d'éclat dans les Croisades, lui aurait donné son propre nom, de là sa transposition sous le vocable de Rochecorbon.

Ce fut aussi un Corbon qui employa, l'un des premiers chevaliers, dans ses chartes, la fameuse formule do : « Par la grâce de Dieu », alors réservée aux Princes du sang.

C'est à Robert, Seigneur de Brenne, l'un de ses descendants, au commencement du xiii° siècle, que la légende fait remonter la tour d'observation construite en ce lieu stratégique, tour qui n'a été l'objet d'aucun travail bien sérieux.

Un jour que ce jeune Chevalier rentrait d'une longue chevauchée, il aperçut un aigle dirigeant son vol vers le manoir de ses ancêtres, il banda son arc et abattit l'oiseau. A l'endroit où tomba sa flèche, Robert fit élever audacieusement une *tour fanal* à l'extrémité du roc qui formait falaise et surplombait la vallée.

L'architecte avec un art prodigieux, avait su mettre à contribution le rocher ou la sape et la mine y paraissaient impossible.

Ce n'est ni un nid d'aigle, ni un repaire de brigands, mais un asile d'un pittoresque saisissant qui domine la Loire, semant çà et là, ses nombreux bancs de sable d'or.

De cet observatoire, les compagnons de guerre du baron d'Amboise, à la lueur tremblotante de l'immense fanal encensant le ciel, lui envoyèrent chaque jour par les airs les nouvelles du Comté.

Le manoir féodal de la baronnie de Rochecorbon qui se dressait sur le haut du plateau, ne comporte pas une description qui serait aussi malaisée que superflue ; car, il est tombé comme sont tombés tant de châteaux moyenageux dans un de ces drames politiques ou les féodaux dévoués à leur Suzerain luttaient les uns contre les autres pour se disputer le pouvoir, luttes qui nous sont parvenues par la tradition et les récits des chroniqueurs. Il est certain que les armes étaient la grande jurisprudence des temps, l'arbitraire et la force se mêlèrent à tout.

Les derniers possesseurs furent les seigneurs de Maillé et de Luynes, dont la mémoire est restée vivace dans nos annales tourangelles, mais dont l'historique et l'illustre généalogie ne saurait entrer dans ce cadre.

De cette terre seigneuriale où les invités se donnaient rendez-vous, le bruissement des vents du ciel rend seul un gémissement sourd, comme la plainte vaine du passé sur des splendeurs disparues. Aujourd'hui tout est vide et silencieux.

Sur ces hauteurs où des feux brûlaient naguère, viennent se reposer des hôtes éphémères, des oiseaux nocturnes troublant seuls de leurs appels lugubres, ou de leurs roulades mystérieuses la paix de la nuit; ils aiguisent leur bec, dévorent d'innocentes victimes dont les ossements dépouillés de leur chair tombent à l'intérieur de la cheminée, comme en un immense charnier dissimulé sous une épaisse chevelure d'arbustes épineux.

Rien de mélancolique hélas! comme le souvenir d'une grandeur déchue, ensevelie dans la poussière des ruines : sous la rafale du vent qui passe, on dit, que comme le cerf altéré soupire après les sources d'eau, les âmes des défunts affranchis des biens terrestres y tiennent leur cour ainsi qu'autrefois, et disparaissent légères et gracieuses dans un arc-en-ciel dont la courbe aérienne forme un pont diaphane et radieux, entre le ciel et la terre.

Vue d'en bas, la lanterne de Rochecorbon semble être taillée dans un même bloc qui s'effrite sans cesse, n'offrant plus au regard fasciné que les assises de quelques gros murs démantelés. Un sentier en lacet permet de monter au faîte du plateau, d'où l'on accède facilement à la base de la tour. Tout a été saccagé, pillé, incendié ; les matériaux épargnés ont été utilisés dans l'étendue du pays, et cependant tout rayonne de souvenirs et il circule toujours les histoires légendaires des hautes promesses des anciens maîtres de cette demeure, jadis inaccessible aux manants, et que nous, voyageurs, nous visitons avec une admiration et un respect avertis. Ces ruines rappellent tant de noms écrits dans nos annales et réveillent tant d'échos de gloires et de malheurs.

De ce lieu, on contemple le moutonnement des coteaux du Cher, sur lesquels s'étagent les silhouettes blanches de nombreuses villas, pendant qu'à travers la brume transparente se profilent les reflets lumineux de la croix des tours de la cathédrale Saint-Gatien, croix qui est le plus auguste de tous les étendards; puis la pesante coupole de la Basilique, servant de gigantesque piédestal à la statue de Saint-Martin, autour de laquelle d'antiques tours carrées servent encore de sentinelles d'honneur, tours qui ont abdiqué le nom sous l'invocation duquel elles étaient placées jadis, pour prendre les noms bien bourgeois de *Tours de Charlemagne* et de *l'Horloge*; le campanile de l'Hôtel de Ville lançant dans les airs sa flèche svelte et gracieuse, tout en projetant des rayons d'or sur les cimes verdoyantes des arbres centenaires qui lui font un mouvant rempart. Plus loin encore dans la trouée fugitive et endiguée, qui livre passage au fleuve de la Loire, se déroulant comme un ruban d'acier, le monument énigmatique de la Pile Cinq-Mars. A nos pieds le soleil tombe languissamment sur la plaine féconde de la Ville-aux-Dames, petite bourgade qui doit son nom à un ancien monastère de femmes, dépendant de l'abbaye de Saint-Loup. Près la voie ferrée s'élève une petite chapelle à *Notre-Dame-de-Prompts-Secours*, rappelant une antique vierge vénérée jadis par des bergers, sous le nom irrévérencieux de *Notre-Dame-des-Crottes*. Quoiqu'il en soit; les âmes tristes y trouvent du soulagement, et les esprits fatigués un attrait à la componction. Le petit village de Rochecorbon même se déploie le long de la chaussée ensoleillée, que longe un tramway à vapeur.

Le temps passe vite en cette jolie vallée où la puissance divine a largement ouvert sa main. Que le soleil se lève ou qu'il éclaire le monde, qu'il soit à moitié de sa course ou à son déclin, l'aspect du paysage est toujours splendide. La nuit venue, les étoiles radieuses montrent le chemin des cieux. Celui qui veut réellement reposer son âme n'a qu'à laisser sa vue errer au delà des astres; là, seulement existe une paix immuable. Etudiant les rapports mystérieux qui unissent l'homme à Celui qui l'a créé, il pourra écouter la douce harmonie du langage que Dieu parle à son cœur. Il n'y a que les grandes scènes de la nature pour élever l'âme jusqu'à l'immensité et l'Infini de Dieu.

SOUS L'ORME DE VERNOU

Les arbres remplissent un rôle dans notre vie, tantôt historique, tantôt légendaire. On aime les vieux arbres feuillus, auxquels les habitants originaires d'un pays donnent parfois un nom comme à de bons géants; nos ancêtres non évangélisés, leur rendaient un culte ainsi qu'à une divinité.

On conserve encore sur notre sol une coutume, vestige des superstitions gauloises, de demander des étrennes au jour de l'an avec l'antique formule: « au gui l'an neuf ». On sait que le gui est une plante parasite du chêne, qu'il est toujours vert et qu'il est pour nos pays un symbole de joie et d'immortalité.

Les arbres historiques deviennent de plus en plus rares, quelques vétérans superbes aux proportions phénoménales et dont l'énorme tronc se profile sous le parasole gigantesque de leur feuillage ombreux, demeurent encore debout, victorieux des événements et des siècles. C'est le chêne de la Vierge en forêt de Château-la-Vallière; le chêne-pommier sous les hautes futaies de Champ-chevrier, où résonnent les bruyants halalis annonçant que les bêtes fauves sont aux abois; les cèdres qui ornent de leurs longues chevelures de vert émeraude la terrasse de Rochecottes et la cour de l'ancien archevêché; le marronnier planté par François Ier

au château de Loches, ainsi que quelques autres plusieurs fois séculaires dont les restes ont été oubliés par la hache du bûcheron. La longévité de nos arbres ne remonte pas au-delà du viie siècle, le vingt et unième canon du Concile de Nantes en 658, ayant enjoint aux évêques de faire abattre et brûler les arbres que le peuple révérait encore.

C'est à l'ombre de ces monuments de verdure que selon les vieilles traditions Saint Louis avait faim et soif de la justice. Là, qu'il inspira une crainte salutaire des châtiments temporels et spirituels encourus par ceux qui outrageaient la Divinité. De son temps, en effet, proférer un blasphème, comme faire un faux serment, inspiraient une horreur générale. Nous sommes loin de ces époques héroïques où l'on se signait au seul nom de Dieu. Les Rois et les grands personnages avaient une certaine façon de tenir des discours où le saint nom de Dieu se trouvait toujours mêlé.

A citer ce quatrain de Brantôme en ses nombreux écrits naïfs et piquants:

Quand la Pâque — Dieu décéda (Louis XI).
Par le Jour Dieu lui succéda (Charles VIII).
Le diable m'emporte s'en tint près (Louis XII).
Foi de gentilhomme vint après (François Ier).

C'était encore à l'abri protecteur de l'ombrage des arbres que les coupables étaient livrés à la justice, et les innocents rendus à la liberté. Par ce moyen le mal était changé en bien et le faux en vrai. De là que s'est perpétué jusqu'à nos jours cette expression: « Clameur de Haro », cri de justice qui faisait suspendre tout acte commencé. A notre époque la justice humaine réprime, c'est fort bien, mais prévenir ou réparer ce serait mieux.

Jadis la prophétesse Debora ne jugeait-elle pas le peuple juif sous un palmier qui portait son nom. Sur la montagne d'Ephraïm, les enfants d'Israël montaient vers elle, pour faire juger leurs différends (Jug. IV, 4).

Il est à Vernou sur les rives riantes de la Loire un Orme, coq du village, dont la sève se dessèche et montre un tronc noirci par de longs sillons entr'ouverts. Un corset de fer soutient sa tige noueuse, chaque cinquantaine détache une nouvelle branche préparant lentement sa décrépitude ; les béquilles de fer qui servent d'appui à son front de verdure se courbant péniblement en voûte, n'empêcheront pas la nature de décomposer ce que l'homme a cherché à sauvegarder.

On sait que Sully avait proposé au roi Henri IV d'obliger les particuliers à mettre des ormes le long des chemins pour les orner. C'est une tradition locale que cet orme a été planté par Sully, Baron de Rosny, ami et ministre de Henri IV, Seigneur de Béthune, qui fut créé Duc par son illustre maître, en souvenir de sa collaboration à l'Edit de Nantes.

A l'ombre de cet orme, combien de mortels sont nés, combien sont descendus dans la tombe, que de serments d'amours buissonnières, que d'échos du fracas de la guerre ou d'étincelles de Liberté ?

Les habitants paraissent éprouver pour ce vieil arbre un sentiment tout particulier ; car, si sa longévité intéresse comme celle d'un être vivant, il évoque aussi un souvenir de réconciliation entre catholiques et protestants.

Les promeneurs vont au-delà de l'histoire chercher de la fantaisie dans les broderies des légendes. Aujourd'hui, que tout est prose en comparaison de la poésie du passé, un tramway à vapeur conduit de Tours à Vouvray, d'où l'on gagne à pied Vernou, mais la promenade est fort belle et l'on est dédommagé amplement de la fatigue.

Autrefois le territoire était couvert de bois et la forêt

de Brimars s'étendait sur la Brenne. Au xvi⁰ siècle encore, les moyens de communication n'étaient pas faciles, témoin l'extrait d'une lettre de Henri IV à son ministre.

Le roi de France n'avait qu'une coche, or, quand Marie de Médicis s'en servait, Henri était obligé de rester au logis. « Je ne pourray, écrivait-il à Sully, aller vous trouver, ma femme ayant pris ma coche. » Et quand à Sully, il n'allait au Louvre qu'en housse, c'est-à-dire à cheval. Il trottait après le roi.

Parler de l'orme de Sully, c'est évoquer une des pages les plus vivifiantes de notre histoire nationale. Au courage et à la grandeur d'âme, le ministre habile entre tous, joignait autant de science et d'éloquence que le comportait le siècle ou il vivait.

L'émigration des ouvriers agricoles vers les grandes villes, ne se faisait pas encore sentir d'une manière aussi douloureuse que de nos jours, aussi Sully protégeait-il l'agriculture, il aimait à répéter ces paroles : « Labourage et pastourage, sont les deux mamelles dont la France est alimentée, les vrayes mines et trésors du Pérou. » Il s'endormit comme un ouvrier robuste, à la fin de sa tâche.

A Nogent-le-Rotrou s'élève le tombeau de Sully, construit par Rachel de Cochefilet sa veuve. De ce Ministre, qui eut la fortune de bien servir la France, et de laisser un nom respecté, la part qu'il a faite aux pauvres de sa fortune, est la seule qui soit arrivée à sa vraie destination.

Pour en revenir à l'arbre qui est l'objet de ce récit, cet orme de Vernou a remplacé un chêne qui au moyen âge prêtait son ombrage à certaines réjouissances publiques au lendemain des pompes religieuses de Pâques. Un vieux chroniqueur se plaît à nous en raconter un de ces usages.

Dans les fêtes populaires du moyen âge, on remarque

un mélange de gravité et de plaisanterie. Ces réjouissances mi-religieuses, mi-profanes ne pouvaient être innocentes que grâce à la naïveté de nos pères.

« Chaque année, à cette époque, dit-il, autour de l'arbre s'assemblaient les femmes mariées depuis la Pâque précédente, puis M. le Curé, revestu de son surpely, étole et bonnet carré, venait saluer la société. Les jeunes femmes exécutaient autour de lui, un branle ou danse en rond, en chantant une mélopée naïve comme « Attendez-moi sous l'orme », chanson qui réveille un vieil usage remontant au temps même des patriarches.

« Ensuite, la dernière mariée de l'année, allait saluer le Pasteur du troupeau et luy donnait un baiser, puis M. le Curé, saluait les autres et donnait à son tour le baiser à celle des femmes qu'il voulait, et il était obligé de lui donner un denier argent. »

Cette scène originale se terminait par un léger goûter auquel prenaient part le clergé, et la jeunesse du pays: Bourgeois et hommes de guerre, matrones et gentes bachelettes revêtues de leurs plus beaux atours se confondaient dans une même gaieté. Il n'y a que le malheur qui rend soupçonneux et défiant.

Non loin de l'orme, près du portail de l'église, on voyait naguère une large pierre avec quelques degrés dite le *Perron*.

Cette pierre servait à monter à cheval et à descendre. Au moyen âge, en effet, on mettait une semblable pierre servant de montoir, près des édifices publics, châteaux et maisons particulières.

Si les vieux nobles dissimulaient le culte orgueilleux de leur naissance, leurs femmes en faisaient aisément parade par vanité. C'était une coutume que les gens d'une certaine noblesse fissent usage d'une mule, alors que les femmes voyageaient dans des charrettes avec bonne paille fraîche, et que les chambrières suivaient à âne, accompagnées des gens de bagages marchant pédestrement.

Dans presque tous les villages on trouve un orme ou un bouquet d'arbres séculaires à côté du clocher. Les cimetières ont disparu, mais l'arbre a toujours demé . L'orme est remplacé de nos jours par l'arbre de la Liberté qui accuse de nouvelles mœurs et de nouveaux usages.

Il est encore à Vernon une ruine qui présente un caractère antique connu sous le nom de « Palais de Pépin le Bref ». C'est un pan de mur en pierres régulières de petit appareil sans chaînes, de briques, mais unies par un ciment plus dur que les pierres elles-mêmes. Les arcades en plein cintre ont leurs voussoirs formés de briques accolées, séparés par des claveaux. L'obscurité qui enveloppe parfois les premiers temps de notre histoire monumentale, n'est pas si impénétrable qu'on ne puisse la forcer, pourtant il est nécessaire de marcher prudemment, de recueillir avec soin les moindres renseignements, d'interpréter les textes sans jamais les prendre à la lettre, aussi que d'images historiques surgissent en face de ces pierres noircies par le temps. Les uns ont voulu voir les restes d'un monument du maire du palais de Neustrie. Pépin le Bref, en effet, après sa conquête de l'Aquitaine sur Hunald, aurait établi en ce lieu une résidence à l'un de ses gouverneurs.

Suzerain de l'Aquitaine, Pépin le Bref acquit de plus un titre de reconnaissance de la part de la chrétienté, en donnant la Pentapole italienne qu'il venait de conquérir sur les Lombards au Saint Siège, donation qui créa la puissance temporelle des Papes, et que Charlemagne, son fils, confirma, mais qu'une main sacrilège a osé ravir.

D'autres ont voulu voir les débris de la Basilique de

Vernadum fondée par saint Perpet au ve siècle. Ne faudrait-il pas y voir les ruines d'un château ayant appartenu aux Archevêques de Tours, qui étaient *Barons de Vernou*, maison seigneuriale incendiée par les troupes d'Hugues d'Amboise à son retour de la croisade entreprise par Godefroy de Bouillon.

VANÇAY (1793) OU SAINT-AVERTIN

Le village de Saint-Avertin situé sur les bords du Cher aurait une origine des plus reculées. Aux premiers temps du christianisme, il portait le nom de *Venciacum*. Un document d'une certaine autorité, où le nom de Saint-Avertin est employé pour désigner cette localité est le jugement d'un bailli de Touraine « Jehan de la Thuille, 1371 ». A cette époque moyenageuse, le nom primitif de *Vançay* n'aurait pas disparu complètement, puisqu'il paraît probable que le vocable de Saint-Avertin attaché tout d'abord à l'église, ne finit par se substituer à celui de Vançay que par le temps qui en consacra l'usage.

Quoi qu'il en soit, ce terme *d'Avertin* rappelle la mémoire d'un saint homme, dont le tombeau fut le rendez-vous d'un grand concours du peuple. De tout temps, les hommes qui gardent leur foi et leur indépendance sont des héros.

On venait en cette localité pour la guérison du mal des ardents, appelé aussi feu sacré, maladie terrible qu'on n'a jamais pu définir, mais qui sévit à diverses reprises en France, aux XI, XII, XIV, et XVe siècles et notamment en 1348, 1420 et 1422 en Touraine.

Dans ces moissons d'hommes, on ne manquait pas de voir des faits surnaturels, des fléaux déchaînés par la volonté divine, c'est ainsi que en la cité de Paris, la chapelle de sainte Geneviève fut transformée en église avec le titre de Sainte-Geneviève des ardents, qu'elle garda longtemps après la disparition de la maladie, le fléau qui avait donné lieu à la naissance d'une multitude innombrable d'établissements hospitaliers, disparurent avec les temps pour lesquels la Providence les avait fait naître.

Saint-Avertin apparaît comme un rayon de soleil, après les jours sombres, et il fut comme le précurseur de Saint Roch, dont le corps repose à Arles, et qui est vénéré aussi dans les maladies contagieuses.

L'histoire nous apprend, que les rois de France après leur sacre à Reims touchaient les malades scrofuleux et les guérissaient, privilège qu'ils tenaient de saint Marcouf, abbé de Nanteuil, qui naquit en Cotentin de parents de race royale au ve siècle. Ce saint aurait obtenu au Ciel ce privilège pour Childebert, fils de Clovis, et pour ses successeurs. Les esprits forts rejetteront ces croyances religieuses, mais seront crédules, quand il s'agit des grands faits du paganisme.

Le journal historique du sacre de Louis XIII, nous dit comment avait lieu cette pieuse cérémonie. « Dès que le roi était arrivé dans le parc de l'abbaye de Saint-Remy, le premier médecin appuyait sa main sur la tête des malades, dont un Capitaine des gardes, tenait les deux mains jointes, le roi, la tête découverte, les touchait, en étendant la main droite du front au menton, et d'une joue à l'autre en faisant le signe de la croix, et prononçant ces paroles « Dieu te guérisse, le roi te touche ».

Ce fut à la suite de l'apparition de ces calamités publiques, véritables furies dévastatrices, que la reconnaissance des peuples se manifesta hautement : on vit alors les paysans offrir les prémices des fleurs, des fruits, des épis, des grappes de raisin comme symbole de gratitude à l'Auteur de tous les biens.

On sait que Thomas Beckert, archevêque de Cantorbéry, du Comté de Kent, avait été convoqué par le Pape Alexandre III à assister au Concile tenu à Tours en 1163, afin de faire constater sa légitimité contre l'élection de l'anti-Pape Victor. Ce Prince de l'Eglise s'était fait accompagner en France, d'un moine *Ecossais*, qui devait être *saint Avertin* après le meurtre du prélat, au pied des saints autels, à l'instigation du roi Henri II, d'Angleterre, le 29 décembre 1170 ; ce religieux Ecossais, en effet, revint se fixer comme ermite en Touraine, et mourir à Vançay en quelques substructions d'une villa gallo-romaine, le 5 mai 1180. Aucun écrivain contemporain n'ayant pris la peine de consigner par écrit les particularités de sa vie, la légende que le P. Guillaume Guerini, communiquât au Bollandiste Papebrock, au XVIe siècle, ne peut passer pour un document véritable ; l'auteur ne pouvait avoir à sa disposition que des éléments traditionnels qu'il a noyés dans un latin de circonstance.

Papebrock inclinait à penser que saint Avertin était de la suite de Thomas Becket, lors de sa fuite en France, après l'orageux parlement de Northampton en 1164, mais l'un des biographes de l'Archevêque de Cantorbery, Guillaume Fitz Stephen, nomme les deux Gilbertins qui se trouvaient alors avec lui. C'étaient les deux frères convers : *Robert de Cave* et *Scailmann* non cités par les historiens français, et dont l'un aurait pris le nom de religion d'Avertin.

Ce nom du reste est bien écossais, comme appartenant à cette langue si riche en voyelles et William Slub d'Oxford, croit qu'Avertin viendrait par corruption d'Aberdeen.

Richard, Cœur de Lion, institua un ordre de cheva-

lerie, de la Palestine, après la chute de saint Jean d'Acre,
sous le nom de saint Thomas de Cantorbéry, tellement
la mémoire du saint était en vénération jusqu'au jour
où Henri VIII fit disperser ses cendres au vent.

*
* *

Le château de Cangé est un ancien fief situé sur le
territoire de la commune de Saint-Avertin. Il paraît
avoir son origine vers le XIIᵉ siècle, époque à laquelle
Jacquelin d'Andigné serait le premier seigneur connu.
Un descendant de ces Chevaliers rendait comme vassal,
hommage lige à l'archevêque de Tours, son Suzerain,
au XIVᵉ siècle.

Par ce serment, le vassal promettait à genoux et sans
armes, la main dans la main, une fidélité sans restric-
tion. Mgr Simon de Renoul était alors le chef de la province ecclésiastique et avait obtenu du roi Charles V,
que les archevêques de Tours seraient conseillers nés au
Parlement de Paris.

La seigneurie de Cangé appartint ensuite à Jean de
Conigham, des Comtes de Glencairn, capitaine de la
garde écossaise amenée en France par Archibalde Dou-
glas pour secourir Charles VII, qui lui donna pour reconnaître ses services, le duché de Touraine et le château de
Chinon. Malheureusement à la bataille que Charles VII
perdit sous les murs de Verneuil, en Normandie, en
1424 contre les Anglais, le nouveau duc périt et fut
inhumé dans la cathédrale de Tours.

Conigham reconstruisit le manoir érigé en châtellenie en même temps qu'il agrandissait l'église paroissiale
de Saint-Avertin.

On y remarque ses armoiries : *d'argent au pairle de
sable.*

Son fils Pierre de Conigham, seigneur du Rys et de

Charmeteau, mourut le 9 mars 1866, comme en fait foi une note manuscrite en marge d'un feuillet de Missel, imprimé à Nuremberg en 1496, portant le blason de la famille de Conigham et signée : Mathurin Bonnyn, prêtre.

Et plus bas, on lisait :

22 avril 1566, fut enterré en l'église de Vançay, Messire Pierre de Conigham, seigneur de Cangé.

Trois jours après cette inhumation, le 25 avril 1566, son fils Jean de Conigham épousait Marie de Montberon, dont il n'eut pas d'enfants.

On sait que plusieurs membres de cette famille remplirent des rôles importants dans l'église. Françoise de Conigham fut prieuré du couvent de femmes à Saché, en 1587. Roger de Conigham, prieur de Saint-Jean-du-Grais, 1620-1630. Hercule de Conigham, fils d'Antoine, bailli d'Amiens et Jeanne de Boudet de Rodon, qui périt dans un combat naval sur les côtes de Catalogne; sa mort fut célébrée par ces vers :

Si les feux dans la mer ont son âme ravie
Qu'on en accuse point la malice du sort
Un Hercule en son nom, un Hercule en sa vie
Ne pouvait pas manquer d'être Hercule en sa mort.

L'église primitive ne se composait que d'une nef à chevet rectiligne; elle fut agrandie vers l'orient d'un sanctuaire de style Plantagenet, avec un clocher à flèche en charpente, que surmonte un coq qu'Aristophane nommait déjà *Oiseau de Perse* dans sa comédie des oiseaux. Ce coq, comme une girouette en tournant sur ses gonds rouillés, déchire encore l'air de ses notes aiguës.

Les seigneurs de Cangé se réservèrent un caveau dans la chapelle, du côté de l'Evangile, où ils eurent leur sépulture au xvie siècle.

Plus tard, la Châtellenie passa à Michel Nicolas de la

Londe, Major de la citadelle d'Arras, Ingénieur ordinaire du roi, Directeur des fortifications de Flandre. Il avait épousé en 1676 Marie Laurencin, fille d'un juge au baillage et siège présidial de Tours. Anobli, il fut inhumé à Saint-Avertin, ainsi que son fils, âgé de 9 ans, décédé en 1686. Sa veuve épousa en secondes noces, Gaspard Sigismond de Veudes, qui devint seigneur de Cangé du chef de sa femme.

Le château échut ensuite à la famille Panon Desbassyns de Richemont, dont les armoiries figurent aussi à l'église paroissiale : *d'or à la fasce d'argent chargé de deux oiseaux de mer ou pailles-en-queue accompagnée en chef d'une main de carnation.*

Il était d'usage au moyen âge, de mettre les corps en terre dans l'intérieur des édifices religieux, qui ne tardèrent pas à devenir de véritables charniers ; des règlements de salubrité publique y mirent fin.

Les comptes de fabrique nous fournissent des détails assez curieux sur le prix des inhumations au xviie siècle.

Pour une ouverture de fosse, droit d'ornement et de luminaire dans l'*église* et deux services : 8 livres 17 sols.

Pour une inhumation d'un enfant dans l'*église*, 28 sols, alors que la même inhumation dans le *cimetière* était de 2 sols, et 3 livres pour une inhumation avec deux services.

Ce n'est qu'au printemps 1897, qu'un éboulement du sol amena la découverte du caveau des seigneurs de Cangé.

Sur une console en forme de cul-de-lampe fixée au mur oriental, était encore une branche de buis desséchée et posée par une main pieuse, sans doute lors du rétablissement du culte catholique par le Concordat, entre Pie VII et le premier Consul. Des débris de cercueils étaient épars, mêlés aux ossements recouverts d'une épaisse poussière phéniquée ; un lambeau de suaire jonchait le sol. Tout annonçait un pillage, une violation, l'origine doit en remonter aux jours de deuil et de tristesse de notre Révolution.

Un crâne scié pour un embaumement paraît appartenir à Pierre de Conigham, décédé le 9 mars 1866 et inhumé seulement le 22 avril de la même année.

Sur une feuille d'ardoise était écrit au burin le nom de la Londe 1686, qui révèle l'inhumation du fils de Michel Nicolas de la Londe, décédé cette même année, âgé de 9 ans.

Parmi les pierres ayant servi de tréteaux à un certain nombre de cercueils, se trouvaient mélangés des fragments de pierres provenant d'un monument funéraire et portant l'empreinte d'un triangle, symbole de la Trinité, ainsi que d'autres fragments de pierres calcaires offrant des empreintes de vis, de cames, de pélerines, de Buccardes, pierres dites « Ecorcheveau », ou plus vraisemblablement de « Concheveau », concharium Vallis.

En face de cette dévastation du repos de la mort, d'où l'âme, en s'élançant vers l'immortalité, a dû sourire sur sa dépouille, on se demande avec inquiétude : qu'est la sécurité d'une tombe ou la perpétuité d'un embaumement ?

Un passage souterrain se dirige vers les chambres ou caves se développant sous le sanctuaire : ces caves taillées paraissent fort anciennes. Ne serions-nous pas en présence de ces premiers souterrains, antérieurs aux cryptes et destinés aux réunions des chrétiens. C'est ainsi que se forma la coutume d'élever des églises au-dessus de ces mêmes grottes, comme il fut d'usage de transformer les anciens *oppidum* en *castrum*.

CONTRASTES.

Lorsque le voyageur descend la Loire vers Saint-Cyr-les-Tours, il aperçoit sur le sommet de la colline, une éminence, sans doute un tumulus celtique, sur lequel fut construite une tour ronde dominant de toutes parts le pays et qualifiée du nom de la *Motte* sur la carte d'État-major.

Cette tour fut édifiée avant l'an *Mille*, par un de ces fiers et hautains comtes d'Anjou du nom de Foulques.

L'air reste comme imprégné des allures extraordinaires de Foulques Nerra ou le Noir, ce maître de la contrée qui avait entrepris de couvrir de forteresses l'étendue de la région placée sous sa dépendance. Son cœur était, dit-on, d'une trempe plus dure que l'armure d'acier qui le recouvrait. Sa tombe a été découverte le 17 février 1870, lors de fouilles pratiquées en l'antique abbaye de Beaulieu, près Loches, monastère qu'il avait fondé à son retour d'un pélerinage aux Lieux saints.

Mais revenons à la tour qui fait l'objet de cette étude : Plus tard cette tour fit partie d'un système formidable de défense de la Touraine, que les comtes entreprirent pour leur sauvegarde. La sécurité alors non plus qu'aujourd'hui, ne devait pas être fort grande. Les chevaliers, croisés devaient, en effet, avant de quitter leurs châteaux, prendre toutes les mesures de précaution de

sûreté contre les courses et les raids des gens de guerre,
et jalonner les limites de leur territoire de ces tours,
sentinelles muettes de ces temps héroïques. Tout le
moyen âge est là, l'épée et la croix.

Respectons ces vieux murs, ils ont quelque chose qui
parle de la science militaire et des mœurs de nos aïeux.

Les tours rondes apparurent avec l'ogive comme devant mieux résister aux attaques des machines, la con-
vexité de leurs murailles offrant partout la même soli-
dité, de là leur entrée placée à une hauteur calculée sur
les conséquences d'une action de vive force.

Cependant, l'apparition de l'ogive ne détrôna pas le
plein cintre, et les architectes se plurent à placer parfois l'ogive à la partie inférieure de leur construction,
pour leur donner plus de force tout en réservant le plein
cintre pour les baies à la partie supérieure, ce qui amena
l'époque de transition au xii° siècle.

Lors de sa conquête de la Normandie sur Jean sans
Terre, Philippe-Auguste traversa la Loire au gué dit
« de Montboyau », au pied de la forteresse, en suivant
les voies antiques du pays. Les commentaires de César
nous apprennent qu'une voie conduisait d'Aquitaine à la
Manche, il est donc permis d'en déduire que ses généraux firent camper leurs légions en Touraine, pour com-
mander le passage du fleuve sur ces hauteurs, le sol du
reste y révèle l'établissement d'un camp romain.

Cette position militaire fortifiée, fut sans doute dispu-
tée, et les souvenirs historiques réclament sa conservation. La fée *Mélusine* qui ornait le cimier des
Sires de Lusignan ou comme on écrivait alors de *Lezi-
geshem*, chevaliers-bannerets de Touraine au xiii° siècle
semble encore flotter au sommet de la vieille forteresse,
car, selon les traditions, Mélusine présidait à toutes les
constructions du moyen âge ou elle apparaissait tantôt
sous la figure d'une élégante, tantôt sous celle d'un

reptile, prédisant les malheurs qui menaçaient le royaume, delà, l'expression proverbiale de « cri de Mélusine ».

Le vent du soir apporte toujours l'écho de ces légendes ou la fiction qui sauve vaut mieux parfois que la vérité qui tue.

Cette tour offre un contraste avec la tour des *Brandons*, qui s'élève sur le plateau de la Champeigne, entre le Cher et l'Indre, non loin d'Athée,

C'est un véritable plaisir de parcourir cette région, là, les arbres inclinent leur épaisse frondaison au-dessus des buissons ou murmure une eau limpide descendant du sein de granit des roches abruptes, au milieu du fouillis admirable des mousses et des plantes grimpantes.

Quand l'aurore se teinte de rose et de mauve; ou que le soir, au coucher du soleil l'horizon est de pourpre et d'or, le voyageur qui se dirige vers la tour des Brandons est vivement impressionné par la sinuosité des rivières, le gracieux des tableaux, la variété des scènes, le pittoresque des effets de terrain et le jeu des lumières. Bénissons la main de Dieu qui a enveloppé, comme d'un glorieux manteau le sol de notre pays tourangeau.

La Touraine peut être fière à juste titre de ses petites villes, qui ont été aux époques les plus reculées des foyers d'intelligence, comme de ses campagnes qui ont dû jouer dans l'histoire un rôle prépondérant, grâce à leur merveilleuse disposition. Et parmi elles, Athée, assez obscure à l'origine, à proximité des chaussées romaines se dirigeant vers Loches, dut sa position stratégique aux empereurs et aux Césars qui eurent des gouverneurs en Gaule.

Ici, comme ailleurs, il est impossible de séparer la légende de l'histoire ; le développement historique de la contrée était intimement lié à la position des lieux.

Au moyen âge, la tour des Brandons dominant le

plateau entre Bléré et Cormery faisait partie d'un système de défense disparu.

Destinée aux opérations de l'art militaire, elle protégeait encore les canaux qui amenaient les eaux des fontaines d'Athée à la ville de Tours, à l'instar du *Castrum de Larçay*, élevé à la hâte par les légions romaines surprises par le soulèvement des paysans gaulois révoltés connus sous le nom de *Bagaudes*. On leur attribue même la destruction du premier *Cesarodunum* (Tours) tellement ils sapèrent en ruine l'empire romain qui avait tenu le sceptre de l'Univers. Comme le temps pressait, que la conquête de la Gaule pouvait être compromise, on employa aux fondations de ce castrum les matériaux d'une opulente villa romaine, ce qui explique la présence de ces fûts énormes de colonnes, supportant les murs de pierres en petit appareil. L'insurrection semblait vaincue par le massacre de la Légion Thébéenne composée de chrétiens, souvenir qui est encore vivant parmi les populations Valaisanes, elle continua par de perpétuels brigandages sous Constantin, tellement le nom romain était devenu un objet de mépris.

Si les Romains par leurs aqueducs amenèrent à Tours les eaux de Bléré, les habitants du XVI° siècle n'allèrent pas les chercher si loin, ainsi que l'attestent les eaux des fontaines captées sur les rochers de Saint-Avertin, en de gigantesques réservoirs artificiels qui subsistent toujours. Des canaux dirigés par *Pierre de Valence* sous le lit du Cher fournissaient l'eau potable à la ville. Peut-être faudrait-il voir dans le remarquable souterrain construit en pierre de moyen appareil, à l'ancien archevêché, un gigantesque réservoir de cette canalisation.

Enfin, cette Tour ronde des Brandons aujourd'hui démantelée de sa fortification, ruinée par les « brandons » résineux des troupes anglaises lors de la guerre de Cent ans, est encore haute de près de quinze mètres, et présente une circonférence de trente mètres. A l'intérieur, est une vaste cheminée, autour de laquelle venaient s'asseoir les hommes d'armes et les valets. Seules les grosses mouches y bourdonnent les mille secrets du foyer.

Nul doute que le territoire d'Athée n'ait été le théâtre d'épisodes qui ne sont pas parvenus jusqu'à nous.

Eudes, comte de Touraine, avant la réunion de cette province à la couronne, par le traité de Paris en 1259, fit fermer les passages sur ses terres aux comte d'Anjou et de Blois, après sa conquête de la forteresse de Montbazon, défendue par les troupes de Foulques.

Plus tard la Chatellenie de la Tour des Brandons releva tantôt de Montbazon et tantôt d'Amboise, selon la fortune des armes.

C'est ainsi que vers la fin du xiie siècle, l'un de ses Seigneurs, le farouche Girard d'Athée, Lieutenant de Robert de Turneham, Sénéchal de Touraine, sous Jean sans Terre, y défendit son pays natal contre l'invasion de Philippe-Auguste, et fut comblé d'honneurs par le roi d'Angleterre, adversaire du roi de France.

Depuis la comparution de son dernier seigneur à l'assemblée générale de la noblesse de Touraine, en 1789, l'histoire a gardé le silence.

C'est alors qu'a fleuri la légende, la foi naïve robuste de nos pères, a pris du mystère et créé du merveilleux autour de ces monuments moyenageux, de là sont nés maints récits personnifiant le bien et le mal, tellement les actes des hommes sont le reflet de leurs pensées. Parmi ces récits se trouve la légende de la Tour des Brandons.

Quelque temps après la mort de Gérard d'Athée, sanguinaire, cruel, et félon, de ce Gérard d'Athée qui avait dévasté le pays ou il avait été élevé comme serf de Sulpice d'Amboise, on n'osait pas s'aventurer, le soir, aux alentours de la Tour, son ancienne Chatellenie.

2*

On percevait des bruits étranges, on entendait des voix invisibles résonnant comme des coups de marteau sur une enclume.

Pendant la nuit du 2 novembre, deux voyageurs qui s'étaient égarés dans les parages de la Tour, furent trouvés, le lendemain matin, dans la campagne environnante gisant sans connaissance, la figure encore revulsée par la terreur. Revenus à eux, ils racontèrent les faits épouvantables dont ils avaient été les témoins terrifiés.

En arrivant au pied de la Tour qui se détachait noire et sinistre sous un ciel de gelée, ils avaient entendu un bruit effrayant semblable aux grondements d'un tonnerre souterrain; de la terre en révolution, des milliers de gémissements, des plaintes étouffées montaient vers le ciel en une immense et terrifiante clameur : « Gérard d'Athée, Gérard d'Athée ! Vengeance ! »

En même temps la Tour comme ébranlée par des mains invisibles, semblait prête à s'écrouler sur eux:

Ces plaintes, ces voix étaient sans nul doute celles des victimes de Gérard d'Athée qui revenaient, appelant l'âme du farouche tyran devant la justice divine, cette suprême justice immanente et immuable qui ne s'exerce que par delà le tombeau.

Après cet étrange récit on fit dire le jour même une messe solennelle pour le repos de ces âmes. A partir de ce moment, on n'entendit plus rien.

Telle fut, selon la légende, l'origine de la Messe des morts célébrée tous les ans, le 2 novembre, pour le repos des âmes du purgatoire dans notre région.

AUX MONUMENTS DE P.-L. COURIER

Comme Chante-Loup à Amboise fut le lieu d'exil du duc de Choiseul, dans les dernières années du règne de Louis XV, le château de Veretz sur les bords du Cher, nous rapelle l'exil de Louis du Plessis, Marquis de Richelieu, duc d'Aiguillon, favori de la duchesse de Chateauroux. Il avait succédé au duc de Choiseul, mais à l'avènement de Louis XVI en 1774, la reine Marie-Antoinette le fit exiler parce qu'il était opposé à l'alliance Autrichienne.

Le château de Véretz construit au commencement du xvie siècle par Jean de la Barre, fut reconstruit par le duc d'Aiguillon, qui voulait charmer les loisirs de son exil. La Révolution renversa ce château comme tant d'autres.

Sous la Restauration, l'ancien fief de la *Chavonnière* (territoire de Véretz) appartint au célèbre helléniste et écrivain politique, Paul-Louis Courier de Méré, qu'une mort tragique arrêta dans le développement de son talent et au fort de sa popularité.

On sait qu'à la lisière de la forêt de Larçay, il fut assassiné le 10 avril 1825, par son garde-chasse Frémont, qui mourut d'apoplexie le 18 juin 1830.

Un monument de commémoration a été élevé sur le lieu du crime.

Un autre ouvrage d'architecture a également été élevé à sa mémoire en 1870 au centre du village de Véretz. Construit sur le plan de Viollet-le-Duc, il est orné d'un bas-relief représentant Courier avec cette inscription : champion du bon sens et de la liberté. La dépouille mortelle de P.-L. Courier repose dans un modeste tombeau du cimetière du pays.

Si l'humanité sympathise à l'égard de certains sentiments, c'est sans contredit dans ceux qui ont pour objet le culte et le respect des morts, origine première des religions.

Le cimetière où la mort range ses œuvres, est la trève de notre égoïsme, hier en effet, les vivants étaient en plus grand nombre et les morts moins nombreux, aujourd'hui les vivants sont moins nombreux et les morts en plus grand nombre.

Ce champ de repos était naguère une étape sur notre chemin avant de pénétrer dans une église de campagne. C'était là l'image de vie dans la mort : il faut à la douleur des larmes, tribut dont nul ne peut s'affranchir.

Si la religion des tombeaux subsiste toujours, le cimetière qu'une loi de salubrité éloigne du centre des affaires fut le premier point de réunion de la famille, la pensée de prier pour ses morts réveille un instant une foi indifférente, émeut et trouble un cœur endurci ; car, depuis les vagissements des nouveau-nés jusqu'au dernier soupir des vieillards, la mort fauche toujours, elle ne rend jamais ses victimes. Heureux celui qui ne craint pas la mort et qui peut s'endormir dans les bras d'un ami.

Malheureusement nos cimetières de campagne sont déserts et l'on y monte à regret. En dehors de ceux qui y sont attirés par une louable curiosité, ils ne deviennent des lieux de pèlerinages pour toutes les classes de la société, qu'au dimanche des Rameaux et à la Toussaint; à Pâques Fleuries on y apporte pieusement la branche de buis bénit, et au jour de la Commémoration des morts, de longues théories de parents et d'amis viennent déposer des couronnes et des gerbes, à ceux qui ont disparu et dans ces villes mortes qui ont fait dire à Auguste Combe que l'humanité se compose de plus de morts que de vivants, les tombes se parent du glorieux chrysanthème, cette floraison exotique qui est devenue notre fleur favorite, de sorte que la nature vient s'associer à notre mélancolie.

La mort elle-même à l'ombre de la Croix, annonce à ses visiteurs la vie Eternelle. C'est qu'en effet, la pensée se passionne en face des mystères de l'au-delà, tragique problème que celui-là. Etre ou n'être plus!

Eh bien, l'au-delà ne se démontre pas, il se sent !... La vie n'étant qu'un passage du berceau à la tombe, la tombe est encore un berceau que l'âme quitte pour pénétrer dans les régions de lumière.

J'ai souvenance d'avoir promené mes pas solitaires un jour dans le cimetière de campagne, et d'y avoir entendu au milieu du silence, la voix harmonieuse d'une fauvette à tête noire, je l'écoutai quelques moments. Elle battit des ailes et s'envola.

Voilà ami lecteur, la seule rencontre que vous ferez le plus souvent.

A l'heure de la fermeture du champ de repos, heure ou tout finit dans une journée, — aurore et couchant n'est-ce pas l'image de la vie, — je ne sais quelle mystérieuse tristesse se répand dans le cœur. Ah! qu'il est souverain d'être religieux; que le chrétien est heureux d'avoir l'Espérance divine pour garde et pour soutien. Que la terrible neurasthénie aurait d'empire sur nous si notre cœur ne s'élançait pas vers Dieu dans un touchant et suprême « alleluia ».

***

Au delà de la forêt de Larçay s'étendant autrefois jusque sur les bords de l'Indre, et dont les bois de la Porterie, les parcs de Montbazon, les bois de Couzières et de Chambray, peuvent encore nous donner une idée, se déploient sous la route d'Evres à Cormery, les Caves-Salmon. Ce sont deux antres de rochers superposés surplombant la rivière.

Nul doute que ces cavernes n'aient servi de lieu de retraite dans les premiers siècles du christianisme, à d'autres religieux se livrant aux rigueurs de la solitude et aux charmes de la contemplation.

Un mince filet d'eau fraîche chargée de carbonate de chaux, s'écoule du banc de calcaire lacustre siliceuse, elle forme un petit bassin avant de s'épancher dans l'Indre, cours d'eau sur lequel un barrage fait mouvoir le moulin de *Vontes*.

Si la croyance aux sources est un souvenir des mœurs religieuses des Gaulois, c'est le christianisme qui en a purifié les étranges coutumes venues jusqu'à nous. C'est ainsi qu'à notre époque, certaines sources mystérieuses attirent la multitude des foules qui viennent y chercher le miracle ou triomphe de la foi, l'espérance ou la consolation d'une piété patiente et résignée.

Dans la suite des temps, on construisit un prieuré près de ces grottes, et le bienheureux Léotheric, natif de Sens, y mena une vie d'ermite. Il y mourut saintement en 1099. Son corps fut déposé dans l'église abbatiale de Cormery, fondée au déclin du viii⁰ siècle, par Ithier, abbé de Saint-Martin, pour y suivre dans toute sa pureté, la règle de saint Benoist de la Congrégation de saint Maur.

La vie de saint Léotheric écrite en abrégé par Pierron, prieur du monastère de Cormery, fait partie d'un manuscrit de la Bibliothèque nationale. Son nom quelque glorieux qu'il soit dans l'histoire tourangelle, ne semble pas jouir de la popularité qu'il mériterait. On raconte qu'aux prières de Léothéric ainsi qu'à son pouvoir surnaturel, ce pieux solitaire débarrassa sa contrée infestée de reptiles. A-t-on voulu dire par là, qu'il extirpa les vices et les maux qui sévissaient, et dont ces reptiles ne sont, en nos hagiographes, que les symboles, c'est possible. Les choses ont, depuis bien changé ; car, chaque jour nous sommes les témoins attristés et effrayés des ravages produits par le septicisme des uns et le modernisme des autres. Quel est l'envoyé de la Providence qui nous débarrassera ?... mystère.

Le monastère ayant été détruit par les Normands, le roi Robert le fit rebâtir, et les comtes d'Anjou le favorisèrent particulièrement. Le clocher est un des plus anciens monuments de l'architecture religieuse en Touraine.

L'abbaye de Cormery fut la première étape de la translation du corps de saint Martin en Bourgogne, en passant par Levé en Berry, Marsat en Auvergne, Auxerre et Chablis, afin de le soustraire à la fureur des barbares. Cette sainte relique fut ramenée plus de trente ans après.

L'archevêque Adaland qui avait reçu de la nature des qualités éminentes, institua une fête qu'on célèbre tous les ans à Tours, à pareil jour, sous la dénomination de Réversion de saint Martin (14 décembre).

C'est là un de ces faits historiques qui caractérisent merveilleusement la foi vive et profonde de nos ancêtres : soustraire les saintes reliques à la profanation des impies et d'en faire comme une sauvegarde dans les périls.

Voyageur, en passant, arrête-toi un instant. Du prieuré de Vontes dévasté et dépeuplé par les frelons révolutionnaires, il reste encore une curieuse porte d'entrée, ainsi que la chapelle où, la louange au Dieu de paix s'est élevée à des heures déterminées.

Les moines y cultivèrent la vigne et la préparèrent aux expériences de leur abbé de Cormery, à Denis Briçonnet, qui montra dans cette circonstance, autant de grandeur d'âme que de générosité. Retiré au manoir de Montchenin, il fit venir à grands frais du « complant » de toutes les contrées de la France au xvie siècle, et donna par la suite naissance au cépage renommé de notre sol.

Ce site rappelle bien l'usage traditionnel des moines du moyen âge, qui pour dresser leurs communautés religieuses, choisissaient les solitudes profondes, de sorte que par leurs travaux persévérants les lieux les plus incultes devenaient des parages délicieux.

Il y a de la poésie dans l'aspect du vallon qui se déroule avec des points de vue charmants. Une double rangée de pins défilent, pareils à de vieux religieux en processions sempiternelles ; à travers l'ombre des grands arbres balançant leurs feuilles ondoyantes au souffle de la bise, passent de légers murmures, tandis que dans les hauteurs de l'air gravitent sans cesse, dit-on, de nombreux esprits autour du genre humain, alors que plus bas les ronces s'entrecroisent sous les pieds. Aussi chaque fois que je circule dans ce coin de notre chère Touraine, je me rappelle ce campagnard chez qui je fus reçu, un jour, avec la plus grande amabilité, et qui tout en me faisant le coup du propriétaire, c'est à-dire, en me promenant dans sa vaste habitation où les arts lui apportent d'intimes consolations, me disait : « chose étrange, Monsieur, plus on monte à ma maison, plus on a belle vue ! ».

En effet, plus on marche en ce joli pays, et plus on a de sujet d'étonnement et d'admiration !

DÉCOUVERTE D'UNE BOUCHE A FEU

DU XVᵉ SIÈCLE, DANS LE LIT DE LA LOIRE ET DÉPOSÉE AU MUSÉE D'ARTILLERIE AUX INVALIDES (1).

A l'automne 1897, des bateliers retiraient une Bouche à feu du XVᵉ siècle, d'un banc de sables mouvants, près de l'île de la Daudère, qui émerge du lit de la Loire à 20 kilomètres en aval de la ville de Tours.

Cette bouche à feu a été déposée au Musée d'Artillerie aux Invalides. Sa fabrication remonte aux premières années de l'invention de l'artillerie. Elle est en fer forgé, et n'a ni anses, ni tourillons, qui n'apparaissent qu'avec Louis XI, ce qui la distingue des deux Michelettes anglaises du Mont-Saint-Michel. L'âme est en forme de tronc de cône dont le diamètre est plus large à la bouche qu'à la culasse. La volée est formée de lattes de fer soudées longitudinalement, entourées de nombreux cercles de même métal. Au-dessus du trou de la lumière existent des caractères indéchiffrables.

En Belgique, la ville de Gand possède un grand canon nommé *Marguerite l'enragée*, dont les Gantois firent usage lors des sièges d'Oudenarde, en 1382 et 1452.

(1) Travail lu en Sorbonne en mai 1892.

En Suisse, le musée de Lausanne renferme une pièce d'artillerie provenant de la bataille de Granson perdue par le duc de Bourgogne, Charles Le Téméraire en 1476, pièce que le canton de Vaud sera éternellement fier de conserver.

Le chroniqueur Jean de Troyes dit, qu'au siège de Paris en 1479, on employa une pièce d'artillerie fabriquée à Tours, lançant un boulet de fer de 500 livres, mais que cet engin de guerre éclata au cinquième coup, entre la porte Sainte-Antoine et le pont de Charenton. Ainsi il y avait donc une fonderie à Tours à la fin du XVᵉ siècle.

La première mention des canons en France serait en 1338 d'après un compte du Trésorier des guerres. A cette date Hugues de Cardaillac reçoit du Grand Maître des Arbalétriers, dix canons et de la poudre, pour concourir à la défense de la ville de Cambrai assiégée par le roi Edouard III, d'Angleterre.

Les Arabes avaient déjà fait usage de l'artillerie à poudre au siège de Balza en 1323 et les Italiens en 1326.

Ces engins ne furent employés que dans l'attaque ou la défense des villes, vu leur poids énorme, et la construction grossière des affûts. Du reste, les progrès ne tardèrent pas à acquérir une véritable importance avec le tir à ricochets.

Si l'invention de la poudre à canon peut-être un progrès dans l'art de l'artillerie, on devrait maudire au nom de l'humanité, l'homme qui a apporté sur la terre ce fléau destructeur.

A l'avénement de Jean le Bon, on fabrique des pierriers lançant des projectiles de 450 livres, destinés à jeter l'épouvante dans l'esprit des habitants; on se souvenait du désastre de Crécy ou des bombarbes de fer jetaient de petits boulets « avec si grand bruit, dit Froissard, qu'il semblait que Dieu tonnait. »

Les Grands Vassaux se donnèrent un matériel d'artillerie de la plus grande diversité, et firent naître les canonniers des fiefs et des abbayes. C'est ainsi que des canons sont signalés à Metz et dans l'armement de Paris, puis après la défaite de Poitiers, à Troyes, à Dijon, à Valenciennes. Dès lors, la liberté de l'homme devint une chimère, une étincelle pouvait mettre en feu tous les arsenaux de l'Europe.

En 1370, Charles V donne à son frère Louis Iᵉʳ d'Anjou, le gouvernement du pays de Touraine en apanage, et la ville présente une enceinte fortifiée sur quatre lignes de circonvallation, puis au mois de juillet 1418 lors de la rupture de la trève de paix entre Henri V. d'Angleterre, et Charles VI, le Dauphin est nommé Lieutenant-général des armées, avec le duc d'Albret et Boucicaut comme Capitaines généraux.

Mais après la défaite d'Azincourt les événements se précipitent.

Le roi fait écrire aux Elus de la ville de Tours, de se tenir sur leur garde et de prendre toutes les dispositions nécessaires afin de résister à l'invasion.

Ce serait donc vers cette époque, il semble, que l'on doive faire remonter l'artillerie de cette place.

Dans les récits de combats, on voit toujours à côté des bouches à feu, les anciennes machines à fronde, les martinets, et ainsi qu'une grande variété dans la nature des projectiles.

Comme document, un registre des délibérations de la ville de Tours, mentionne qu'en juillet 1419, par ordonnance de Messire le Régent, un certain nombre de bombardes faisaient partie de l'inventaire du matériel d'artillerie de la place, et furent baillées à Antoine Dupille, Capitaine « pour la garde du chastel ».

Dans cette nomenclature sont entre autres engins de guerre : un ribaudequin portant la date 1417. Un canon de cuivre, enchassé de bois, acheté à Pierre de Fosse. Un canon de fer, enchassé de bois. Un ribaudequin, en fer cerclé. 17 boulets pour ribaudequins, et 8 livres de poudre un quarteron. »

Pendant la lutte ouverte entre les Armagnacs et les Bourguignons, Jean sans Terre qui dès 1417 avait pris possession de la ville de Tours, au nom d'Isabeau de Bavière, voit ses troupes assiégées dans la place le 26 novembre 1418, par le Dauphin (plus tard Charles VII).

Un siège de cinq semaines où l'on déploya beaucoup de valeur de part et d'autre, amena cependant la ville à se rendre le 30 décembre.

Peut-être faut-il rattacher à cet épisode de notre histoire locale l'un de ces engagements désastreux d'arrière-garde, pendant lequel cette bouche à feu, destinée à renforcer le matériel de siège du Dauphin aurait été engloutie dans les eaux.

Ou bien, faut-il en rattacher la perte aux événements qui se déroulèrent sous les murs du Château de Langeais, dont les Anglais s'emparèrent en 1427. Leurs bandes mirent au pillage les environs et la campagne jusque sous les fortifications de la ville de Tours.

Ce fut à la suite d'un arrangement entre le chef de la garnison anglaise et le Connétable de Richemont, que Jean de Bueil vint occuper le château, qui semblable à un colosse, domine la ville qui lui sert de piédestal : depuis nul homme armé n'apparaît aux créneaux brunis par les siècles.

Quoiqu'il en soit de la cause qui a amené la perte de cette pièce d'artillerie en cet endroit de la Loire, tout le monde sait que sous Charles VII, l'artillerie prit une grande extension, alors qu'elle était dirigée par Jean et Gaspard Bureau, et qu'à cette arme il faut donner la gloire d'avoir défendu la Patrie de la domination anglaise.

Un dernier mot aux inventeurs :

O vous, qui possédez quelques horribles secrets dans l'art de détruire l'humanité, ayez pitié de vos semblables ! ayez pitié de vous-mêmes !...

Une trouvaille de monnaie gauloise

A FRANCUEIL (1)

Sur le plateau où s'élevait l'ancien fief des Houdes relevant d'Amboise, et aujourd'hui un hameau dépendant de la commune de Francueil, on mettait au jour à l'automne 1899, un pot de terre grossier, contenant une certaine quantité de petites médailles gauloises, recouvertes d'une épaisse patine.

Ce terrain élevé devait être un centre recherché d'une peuplade, a proximité des bois et de l'eau du Cher. Une preuve que les *Turons* ont séjourné dans cette région est confirmée par la découverte en 1864, de fours à chaux de construction gauloise au lieu dit la Rousselière. Ils durent être établis par les tribus faisant partie de la confédération des Aulerci répandue au sud de la Loire.

Les Romains eux-mêmes marquèrent leur passage par une voie Romaine de Blois à Loches, passant par Montrichard, voie qui, franchissant le Cher, débouchait vers les hauteurs de Francueil. L'histoire de la province est liée à l'histoire de la Gaule, histoire qui se divise en plusieurs périodes, aux cours desquelles les événements souvent inopinés obligeaient ceux qui possédaient à ca-

(1) Travail lu en Sorbonne, au Congrès de 1900.

cher leurs richesses ; car, ils n'avaient que trop raison de craindre d'être dévalisés par les revers des armes.

Hélas ! il sera arrivé ensuite que ces mêmes mains qui avaient enfoui ce trésor n'ont pas été à même de le reprendre.

Bientôt, en effet, les guerres de partisans qui prolongèrent le soulèvement dirigé par Vercingétorix s'éteignaient lentement, laissant la Gaule aux mains de ses vainqueurs, et la monnaie gauloise dut céder le champ à celle de Rome et de ses colonies.

Que saurions-nous des Gaulois, négligeant d'écrire et qui n'ont pas eu un Thucydide, sans les écrits de quelques auteurs Grecs ou Romains, qui sauf César, les connurent imparfaitement? aussi leurs médailles offrent-elles une source abondante d'informations.

La vue d'une médaille gauloise éveille, en effet, tout un monde de vieux souvenirs à l'instar de la Momie aux yeux des Egyptologues. Les trouvailles d'anciens monuments monétaires sont des témoins de l'histoire de nos ancêtres, de leur système d'échange et de leur vie économique. Par l'apparition du métal monnayé tout s'achète et se vend ; les échanges qui étaient jusqu'alors les moyens de trafic disparaissent de la scène du monde. Aussi la Numismatique tout en étant une science austère offre-t-elle de l'intérêt par ses sujets de recherches aux savants, par ses modèles d'études aux artistes, par un respect d'égards pour tout ce qui appartient à l'antiquité de la part du commun des hommes.

La découverte de Francueil, quoique n'offrant qu'une petite masse de différents types gaulois anépigraphes, coulés en bronze ou en potin (alliage de cuivre, étain et plomb), appartient aux plus anciennes périodes monétaires de la Gaule.

Quelques anneaux en plomb s'y trouvaient mêlés ; ces *rouelles* évidées ont été considérées comme une monnaie primitive des Gaulois, qui vivaient à cette époque dans un état voisin de la barbarie.

Ces monnaies sont donc les plus grossières que l'on trouve sur le sol de la Gaule, leur flanc est épais, strié, on y voit les traces du métal en fusion sous la forme d'un pédoncule, elles sont convexes du côté de la tête et concaves au revers.

Si les médailles de la Gaule propre sont intéressantes, ce n'est certes pas au point de vue de la perfection artistique, la gravure est barbare et la fabrication maladroite. Ces médailles paraissent avoir eu pour prototype les bronzes de Marseille, sous lesquels figurent la tête nue d'Apollon et au revers le taureau cornupède, considéré comme l'animal le plus fort et le plus redouté.

Nos types en bronze présentent une tête encadrée par des cheveux disposés en S, et au revers le taureau cornupède, symbole de la terre.

Nos types en Potin montrent une proéminence sphérique figurant une tête ou un trou forme l'œil, au revers est le même taureau cornupède.

L'obscurité est moins épaisse aujourd'hui qu'il y a un siècle, d'importants travaux ont été faits et fournissent des matériaux aux historiens, et aux philologues, quelques numismatistes ont attribué ces types aux *Andecaves*, aux *Turons*, et aux *Carnutes*.

Barthelemy les a classés à *quintus* Dociris *vel* Tocirix, offrant par leur style une grande analogie avec les pièces sur lesquelles on lit Doc-Doci, O. Doci, Oisam, l'A et l'M liés ensemble, comme sur le quinaire qui porte en toutes lettres q. Doci-Sami.

De la Saussaye les rangent à l'est de la Belgique, à un chef Gaulois du nom de Togirix.

Quoiqu'il en soit, ces pièces paraissent avoir été frappées par les Gaulois réduits à une extrême misère, tout en portant les preuves d'une longue circulation.

Malheureusement les deux tiers trop frustes ne permettent guère de les faire entrer dans les collections.

C'est un fait notoire que les premières monnaies gauloises furent coulées, et que l'on pratiqua la frappe sur l'argent alors que le moulage était toujours en usage pour la monnaie de bronze.

Les coins employés étaient vite hors d'usage, n'étant pas d'un métal résistant, il était donc urgent de les renouveler fréquemment ce qui explique la difficulté de trouver des pièces de coin identique.

Parmi ces pièces anepigraphes, on remarque une pièce mince et polie comme avec une lime, qui semble être l'œuvre d'un faux-monnayeur ayant cherché à avoir le profil d'une tête pour façonner un coin et copier des médailles qui devaient déjà circuler dans les Gaules.

On remarque aussi quelques pièces coupées par la moitié, coutume que d'après le témoignage d'auteurs anciens pourrait consacrer la conclusion d'un marché ou d'un accord. Cette tradition n'indiquerait-elle pas aussi que ces pièces coupées étaient employées comme une monnaie divisionnaire ?

Au moyen âge, ainsi que dans certaines de nos colonies, les pièces coupées ont été considérées telles. Par un mandement en date du 29 mai 1347, Philippe de Valois autorisait les Sénéchaux de Toulouse, de Beaucaire et de Carcassonne, à couper les *deniers doubles* pour permettre au peuple d'acheter des menues denrées.

Les caractères en relief sur ces médailles ont mieux bravé les injures du temps que les lettres tracées sur des papyrus ; ce *vil métal* pour le moraliste et le philosophe, tient une place importante de contrôle, c'est un témoin redoutable qui dépose sans complaisance et dévoile impitoyablement les inexactitudes des historiens qui ont invoqué des souvenirs imparfaits.

CHATELLENIES

De Chenonceau, des Houdes, et de Moulin Fort.

L'histoire du château de Chenonceau ici, ne peut être qu'effleurée, vu sa trop grande envergure. Ce château justifie sa renommée, c'est un des plus beaux monuments de la Renaissance; ne nous rappelle-t-il pas les noms de Pierre Nepveu, Philibert Delorme, le Primatice, Cardin de Valence, Bernard Palissy et le Calabresse.

Au XIIIe siècle, à l'époque des expéditions entreprises contre les infidèles par les souverains et les seigneurs de l'Europe, le fief de Chenonceau, n'était qu'un simple manoir, dont Guillaume Marques est le premier seigneur connu.

D'un Castel disparu qui commandait le passage de la rivière, il ne reste qu'une tour isolée, de masse imposante. Ce château fortifié sous le règne de Charles VII fut vendu à Thomas Bohier, vers la fin du XVe siècle.

Celui-ci jeta les fondations d'un nouveau château en travers du Cher, sur des arches d'une rive à l'autre, d'après les plans probables de Pierre Nepveu, Trinqueau et Jacques Coqueau, ce Pierre Nepveu travailla aussi avec Gobereau, sous les ordres de François de Pontbriand, à la construction du château de Chambord, décoré par le ciseau de Cousin, Bontemps, Goujon et Pilon.

Ainsi que sur J. de Beaune, seigneur de Semblançay, des bruits malveillants circulèrent sur Thomas Bohier, chambellan et secrétaire du roi, général des finances.

On se demandait si la construction du château, ne se bâtissait pas aux dépens du trésor royal et des deniers du peuple?

Quoiqu'il en soit, il faut se reporter à l'ordonnance du 28 décembre 1524, qui jeta les principes d'une comptabilité et assujettit les comptables à un contrôle.

En vertu de cette ordonnance, Antoine Bohier, son fils, lieutenant-général en Touraine, rendit les comptes de son père, mort en 1524, au camp de Vigelli, dans le Milanais, dont il était lieutenant-général, et par arrêt du 27 septembre 1531, fut déclaré débiteur, de 100.000 livres envers la couronne.

Antoine Bohier dut céder la terre de Chenonceau et des Houdes au roi François Ier, pour 90.000 livres, en déduction de la gestion irrégulière du chef de son père. Il est probable que si Thomas Bohier ne fut pas décédé à cette époque, il eut pris le chemin de Montfaucon. Il fut inhumé avec Catherine Briçonnet, sa femme, dans l'église de Saint-Saturnin à Tours, démolie en l'an VI. Le tombeau fut l'œuvre de Jehan Juste.

Le château de Chenonceau passa successivement dans le domaine de la couronne et de la bourgeoisie. Ce fut toujours une résidence qui sut plaire aux fantaisies de femmes célèbres par leurs actions et par leurs caprices.

Tout en respectant la mort avec ses mystères, il est bien permis de soulever le coin du voile qui recouvre tant de célébrités reposant de leur dernier sommeil.

C'est entre autres: Diane de Poitiers, reine des grâces dont la vie se résumait en deux mots: Amour et gloire et qui, à Anet, chercha par l'élégance et l'élévation de ses goûts à se faire pardonner son étrange fortune. Elle personnifia l'astre des nuits comme le Roi-Soleil avait plus tard représenté l'éclat du jour. Le *donec totum impleat orben* est peut-être une devise plus altière que *Nec pluribus impar*. Les couleurs : blanc et noir restent pour la belle duchesse de Valentinois un souvenir de deuil qu'elle porta toute sa vie, deuil du Sénéchal Louis de Brézé, son mari, avec cette devise menteuse : *Sola vivit in illo.*

La maison de Brézé tout en tirant son nom d'une ancienne Seigneurie d'Anjou, rappelle la mort tragique de Charlotte de France, fille naturelle de Charles VII et d'Agnès Sorel, que Jacques de Brézé avait épousée.

Catherine de Médicis, jolie Florentine, à l'âme de bronze et au rire de démon, devint maîtresse du pouvoir au lendemain de la mort imprévue du roi Henri II. On sait que ce prince périt en joutant contre Montgommery. Cette mort avait été pressentie par l'inspection des signes astrologiques et cabalistiques de *Luc Gauvie*, devin favori de la reine. La mystérieuse physionomie de cet astrologue, génie de légende ou héros de roman, apparaît tout à coup dans l'histoire et se trouve mêlée à tous les drames de cette sanglante époque qui s'effondre dans un tourbillon de malheurs.

Catherine de Médicis contraignit Diane qui se montrait caressante comme un enfant, à lui céder Chenonceau en échange de Chaumont, et elle en fit don à Louise de Lorraine qui y pleura le meurtre commis sur Henri III. Le poignard de Jacques Clément venait en effet d'éteindre la branche des Valois et la famille des Orléans-Angoulême.

On voit encore la chapelle seigneuriale réservée à Louise de Lorraine, dans l'église paroissiale de Francueil, qui renferme entre autre, une chapelle dépendante de l'ancien prieuré subordonné à l'abbaye de Villeloin.

Après les veuves royales, nous voyons à Chenonceau la favorite du roi Galant, Gabrielle d'Estrées, duchesse de Beaufort, qui dans ses emportements déréglés osait mépriser Sully, le Ministre de Henri IV, l'accusant de faire « le bon valet ».

L'amour du roi et la presque certitude de devenir son épouse, lui faisaient dédaigner les égards dus aux Grands, son nom reste attaché à celui de son royal amant, et sa mort subite reste comme un problème historique.

Marie de Luxembourg, duchesse de Mercœur, s'exile volontairement à Chenonceau, et force un jour le cortège royal du premier roi de la maison de Bourbon, à passer sans se détourner de son chemin au-delà des sauts de loup. Sa fille Françoise, fut mariée à César de Vendôme, fils légitimé de Gabrielle d'Estrées. Louise Fontaine, Dame de Francueil et de Chenonceau, veuve de Claude Dupin, fermier général, par sa grâce et son esprit, en fit le rendez-vous d'un grand nombre de personnages occupant alors le premier rang dans le monde des lettres et des sciences. Si elle fut l'amie dévouée des philosophes, elle se concilia leur estime, et la plus grande considération qu'on avait pour elle pendant les troubles révolutionnaires, servit à préserver l'œuvre de Thomas Bohier d'une ruine complète. De la famille Dupin de Francueil, naquit Georges Sand célèbre romancière.

Quand on visite Chenonceau, on se rend facilement compte du cachet de magnificence et de grâce élégante, que toutes ces femmes ont imprimé à cette royale demeure et que la jeunesse, le luxe, l'esprit, la beauté y ont noué les intrigues les plus secrètes et les plus folles.

*
* *

Quant à l'antique manoir des Houdes, connu dès le xiiie siècle, sous le nom de Hodes, c'était un fief mouvant de la baronnie d'Amboise, qui en rendait ses seigneurs maîtres absolus de la Vallée.

Une pierre tombale portant le nom de Henry de Hode, de cette illustre maison, vient d'être découverte dans des fouilles de la Basilique de Notre-Dame de Cléry, au diocèse d'Orléans.

Quoiqu'il en soit, il ne reste de la terre seigneuriale des Houdes que deux tours en ruine, isolées et démantelées portant les traces des assauts de la guerre de Cent ans.

Les Connétables Bertrand du Guesclin et Olivier de Clisson, y donnèrent des marques de leur bravoure en chassant les compagnies d'aventuriers qui ravageaient le sol de la Touraine; les prairies arrosées par le ruisseau le *Vestin* descendant de l'étang de la *Gauvrie*, furent aussi le théâtre des succès des troupes du Maréchal Bousicaut contre les anglais qui occupaient les châteaux de Chenonceau et des Houdes, regardés comme la clef de la province du côté de la Sologne.

Sur un plan plus reculé à ces fortifications moyenageuses, s'élève un logis seigneurial avec une tour hexagonale, renfermant un escalier à vis, dit de Saint-Gilles; cette tour est construite en briques, présentant ses angles en pierre de moyen appareil.

Jean Marques (2e du nom) rendit hommage au roi Charles VII pour son fief des Houdes, et obtint du roi l'autorisation de fortifier à nouveau son château de Chenonceau.

Les Houdes devinrent la résidence de Adam de Hodon, l'un des favoris de la duchesse de Ferrare, vers le déclin du xve siècle, puis à Thomas Bohier qui vendit le domaine à François Ier.

François Ier qui consacra sa puissance absolue par la formule « car tel est notre bon plaisir », fit de cette Chatellenie un élégant rendez-vous de chasse royale et un boudoir splendide pour sa bien-aimée, Anne de Pisseleu, spirituelle et d'une grande beauté, ainsi que pour Diane de Poitiers devenue toute puissante près de Henri II, à la mort du Grand Sénéchal de Normandie, Louis de Brézé, son mari. Ces deux favorites troublèrent les cours royales de leurs haines vindicatives, « l'une absorbant les derniers reflets d'un règne, l'autre dévorant d'avance le premier éclat du nouveau ».

Le triomphe du bien n'eut lieu qu'au prix de la lutte contre le mal, c'est la loi de l'humanité déchue.

* *

A la Chatellenie de Chenonceau érigée par Louis XII, *le père du peuple*, se trouvait encore intimement lié le fief de Moulin-Fort, émergeant entre les îlots du Cher, près de l'embouchure du ruisseau de la Charvière qui descend de l'étang du même nom. A travers les halliers, il semble que sa masse sombre y dessine le sourire formidable d'un sphynx.

Ce fief, à son origine, relevait de l'antique chatellenie de Chisseaux et comme son nom l'indique, était fortifié.

Les seigneurs étaient contemporains des Marques de Chenonceau.

Les rois de France, vers les cours des xiie et xiiie siècles durent attribuer des fiefs en récompense des services rendus pendant les Croisades. C'est alors qu'apparaît une famille du Pont dont s'illustre dans l'histoire de Montrichard jusqu'au xvie siècle. Raoul du Pont est cité comme chevalier-croisé et fait en 1233, un don à l'abbaye de Villeloin en la personne de Jehan son prieur à Francueil.

Cette famille du Pont qui possédait encore la Roche-Chien, près l'île Bouchard, semble rivaliser avec les seigneurs des Houdes, dont la coquille de chevalier-croisé, figure dans les armoiries du château des Houdes.

Quoiqu'il en soit, si le rôle de tous ces chevaliers fut considérable hypothétiquement, les châteaux féodaux ont disparu, la terre recouvre comme d'un linceul la gloire de ces Conquérants.

Les chevaliers croisés de l'ancienne province de Touraine rivalisèrent de courage et d'intrépidité avec les chevaliers-croisés de l'Anjou. Il est difficile, en effet, de ne pas rappeler que Foulques, dit le *jeune*, comte d'Anjou et de Touraine, fut roi de Jérusalem, après la mort de Beaudouin, qui ne voulut porter qu'une couronne de paille en souvenir du Christ des chrétiens, et comme marque de sa souveraineté absolue.

Foulques le jeune, couronné, le 14 septembre 1131, dans l'église du Saint-Sépulcre, mourut d'une chute de cheval en chassant dans la plaine d'Acre, au pied du Carmel. Son fils aîné Geoffroy, dit le *Bel*, eut le comté de Touraine, ses autres fils Beaudouin et Amaury, furent également rois de Jérusalem.

Tous les chevaliers portent un nom qualificatif qui se rattache à la création même du nom de famille. Primitivement, le nom de chaque homme était individuel par celui que nous appelons prénom ; il ne fut extensible à la famille que par la constitution féodale qui le transmit en donnant le nom du fief au Seigneur. Avec le temps chacun reçut une dénomination qui le distingua des autres, et qui eut pour but d'empêcher les ambiguités et les subterfuges.

Ce serait vers le milieu du XVe siècle, que Moulin-

Fort aurait été fortifié. Une ordonnance de 1473, prescrit, en effet, que les habitants doivent faire moudre leurs grains, moyennant redevance, au Moulin-Fort, remplaçant le moulin banal des Marques à Chenonceau, alors détruit.

Dans la construction de ce moulin, on distingue deux massifs de forte maçonnerie munis d'avant-becs, afin de briser les efforts des crues ; des anneaux de fer servaient d'attache aux chaînes de sûreté ; des machicoulis couronnent les terrasses terminées par une tourelle en encorbellement à l'usage des gens du guet.

Ce moulin fut cédé par Adam de Hodon en 1586, à Diane de Poitiers, qui l'incorpora à la chatellenie de Chenonceau.

De ce point, l'œil embrasse la façade orientale du château de Chenonceau dont la légèreté aérienne, cadre merveilleusement avec ce coin enchanteur des bords du Cher.

Chenonceau, les Houdes et Moulin-Fort, forment une trilogie qui mérite largement une visite des excursionnistes. Ils y trouveront une somme d'émotions historiques et artistiques de premier ordre ; ils y goûteront le charme qui enseigne et repose ; ils y jouiront de l'ombre épaisse des hautes frondaisons et des légers souffles de brise passant sur toutes ces splendeurs, par une journée tiède, toute bleue, toute embaumée.

PAGODE DE CHANTELOUP

Après la prise d'assaut de la vieille forteresse d'Amboise, par les Normands au ixe siècle, Ingelger qui la possédait comme comte d'Anjou, la releva de ses ruines et y apporta de nouveau la vie et la richesse.

Au moyen âge, ce fut un château inexpugnable. Les barons furent tout puissants et jouissaient de tous les droits seigneuriaux. Parmi ces droits était le droit de *Savatage*, par lequel les maîtres cordonniers de la ville étaient tenus de remettre à leur Seigneur une *paire de souliers* le jeudi-saint et à la saint Michel ; un autre se nommait le droit de *pelote*, par lequel chaque marié d vait offrir le jour de carême prenant, une *pelote* ou une *buire*, selon qu'il convolait en secondes noces.

Amboise devint une résidence des rois de France et la Cour vivait dans l'opulence. Malheureusement si la suite royale y laissa des marques de sa magnificence, la « conspiration d'Amboise » au xvie siècle y détermina des troubles sanglants. Pierre Avenelles révéla aux Guises le complot, et ce complot fut réprimé par les supplices. Le Baron de Castelnau s'était retiré au manoir de Noizay avec 1500 hommes, ils furent sommés de mettre bas les armes, les chefs furent décapités, les soldats pendus ou jetés pieds et poings liés dans la Loire. Godefroy de Barry, seigneur de la Renaudière, gentilhomme périgourdin, considéré comme le chef ostensible de la conjuration, fut tué dans la forêt de Châteaurenault par un page de son cousin Pardaillon, son corps fut transporté à Amboise où s'était retiré François II, et là, il fut écartelé.

Depuis le xvi⁰ siècle, les rois cessèrent d'habiter le château d'Amboise. Le manoir devint une prison d'Etat ou un lieu d'exil pour les hauts personnages tombés en disgrâce : parmi ceux-ci, on remarque le Surintendant de la Vieuville, César de Vendôme, Alexandre, grand prieur de France, le contrôleur général Fouquet et le duc de Lauzun.

En 1847, l'Emir Abd-el-Kader y resta prisonnier de guerre jusqu'en octobre 1852, époque de sa mise en liberté.

La tour du midi est un chef-d'œuvre de construction, il y a une rampe dont la pente ménagée avec art, permet d'y monter à cheval et en voiture et rappelle le fameux *puits de Joseph Saladin* au Caire, dans lequel on descend jusqu'au fond par une rampe en spirale.

La terre d'Amboise fut érigée en duché-pairie par Louis XV, sous le nom de Choiseul-Amboise, en faveur d'Etienne François, duc de Choiseul, dont la générosité de grand seigneur fut proverbiale.

Le duc de Choiseul acheta aussi le *palais ducal* dans lequel se tint la justice seigneuriale du duché et la chambre des comptes; cet édifice est devenu l'Hôtel de Ville d'Amboise.

Il se trouva dès lors, à la fin du xviii⁰ siècle, que la Touraine comptait cinq duchés - pairies : Montbazon, Montgauger, sous l'appellation de Praslin, en faveur de César, comte de Choiseul-Chandigny, de Luynes, de Château-la-Vallière et celui dont nous venons de parler.

En même temps, le fief de Chanteloup était réuni à la Terre d'Amboise ou du nouveau duché. Ce fief avait été érigé sur le territoire de Saint-Denis-Hors, en faveur de Le Franc, Intendant des *Turcies* et *Levées* de la Loire. Dans les premières années du xviiiᵉ siècle, la princesse des Ursins ayant acheté le domaine de Chanteloup, y fit construire un magnifique château au milieu de jardins splendides, qui disparurent depuis à tout jamais.

Le duc de Choiseul, alors ministre des affaires étrangères, ayant été renversé à la suite d'une intrigue, fut exilé en cette résidence quasi royale.

La Chine étant à la mode, il fit élever, sur les dessins de Louis Denis le Camus, une pagode à six étages supportant une couverture octogonale en plomb, très élancée et terminée par une boule dorée.

Tout ce qui reste fait oublier ce qui manque. On y employa les matériaux du château de la Bourdaisière, dont le premier seigneur fut Babou, grand-père de la mère du maréchal d'Estrées et dont la race fut la plus fertile en femmes galantes qui aient jamais été en France.

Sur les armes de la Bourdaisière figure *un bras de gueule sortant d'un nuage d'azur tenant une poignée de vesces en rameau*, et l'on fit ce quatrain :

Nous devons bénir cette main
Qui sème avec tant de largesses,
Pour le plaisir du genre humain,
Quantité de si belles vesces.

Les sept *merveilles de l'antiquité* qui passaient pour des œuvres d'art supérieures aux autres en magnificence, ont fait leur temps.

Les Pyramides d'Égypte se dégradent et offrent des mutilations sans nombre.

Il ne reste plus que des ruines des murailles et des jardins suspendus de Babylone.

Le tombeau de Mausole à Halicarnasse, a été détruit; son nom seul reste l'origine de nos mausolées.

Le temple de Diane à Ephèse fut incendié par un insensé, Erostrate, dans la nuit même de la naissance d'Alexandre le Grand qui devait plus tard se couvrir de gloire.

Le colosse de Rhodes, statue d'Apollon en bronze et œuvre de Charès de Lyndos, est tombé, comme le Jupiter de Phidias, à Olympie, comme le phare d'Alexandrie, bâti par le Cnidien Sostrate.

La Pagode de Chanteloup à Amboise, aura eu l'honneur de fournir une *merveille à l'ère nouvelle*.

Le duc de Choiseul mourut à Chanteloup le 8 mai 1785. Là, sa dernière pensée a rejoint l'Eternité!

Il fut inhumé dans le cimetière de Saint-Denis d'Amboise. On y éleva un monument funéraire, composé de quatre faces, à table de marbre noir, avec une frise en marbre blanc, de noires pyramides de cyprès ombragent les funèbres mausolées et tout respire en ce lieu, le deuil et la désolation. Le temps détruira ce tombeau, mais il conservera ce nom de Choiseul pour apprendre à la postérité que la réunion du génie et des vertus est la véritable grandeur.

Enfin, le château de Chanteloup fut érigé en 1810 en majorat avec le titre de Comte, en faveur de Jean Chaptal, Conseiller d'Etat et Ministre de l'Intérieur, auquel la ville a élevé un obélisque, en souvenir des bienfaits qu'il sut répandre dans le pays. Depuis, les murs sont tombés sous le pic des démolisseurs, seule la Pagode rappelle l'exil triomphal du duc de Choiseul.

LA COLOMBE DU CIBORIUM

A L'ANTIQUE ABBAYE DE BEAUMONT-LÈS-TOURS.

Le moyen âge est riche en traditions se rattachant aux dispositions cérémoniales qui constituent une vêture ou prise d'habit d'un ordre, cérémonie qui précède généralement une profession solennelle.

Au sud-ouest de la ville de Tours, s'élevait avant la Révolution l'abbaye de Beaumont, de l'ordre de Saint-Benoist, dont la dernière abbesse fut Madame Marie-Agnès de Virieu. Il ne reste aucun vestige de ce monastère fondé au lendemain de l'an *Mille* par le bienheureux Hervé de Buzançais, trésorier et restaurateur de Saint-Martin, qui mourut au prieuré de Saint-Côme.

Cette dernière habitation subsiste toujours sur le territoire de « la Riche ». La grille de fer ornant actuellement l'entrée de la Préfecture du département, provient du chœur de l'abbaye de Beaumont.

A son origine le monastère relevait tant au spirituel qu'au temporel de la collégiale de Saint-Martin, aussi était-ce un signe de subordination que la crosse de l'abbesse décédée était déposée sur le tombeau du grand Thaumaturge des Gaules.

Plus tard les archevêques réclamèrent pour eux le droit de juridiction et d'investiture. Ce fut pour cette raison, qu'à partir du xiiie siècle, l'abbesse de Beaumont devait être présentée au Prélat métropolitain pour recevoir la bénédiction comme supérieur canonique du couvent. Les religieuses étaient chargées du soin d'entretenir le linge nécessaire aux cérémonies du culte de la collégiale.

Au jour d'une vêture, l'archevêque revêtu de la chape, de la mitre avec un bâton pastoral, se rendait processionnellement entouré de son clergé en habit de chœur, à la porte du cloître qui ne s'ouvrait qu'exceptionnellement comme la fenêtre de l'arche de Noé. La novice se joignant à la procession qui se rendait à l'église abbatiale au chant d'une hymne sacrée.

L'honorable assistance contemplait toujours avec émotion la jeune religieuse qui semblait avoir hâte de dire adieu au monde, à ses plaisirs les plus raffinés, en retrouvant le bonheur du cloître, ses austérités les plus violentes; puis la cérémonie se déroulait avec cette solennité grave qui convient à un tel acte.

La novice placée au milieu du sanctuaire, demandait son admission d'une voix résolue, après quoi elle enlevait les fleurs qui ornaient sa tête, courbait le front et livrait les longues boucles de sa chevelure aux ciseaux, et revêtue de la bure, ceinte du symbole de la chasteté, elle recevait le scapulaire monastique et le voile blanc. Après le *Te Deum* chanté comme sanction de cet heureux holocauste, de cette fête nuptiale, chaque religieuse regagnait le cloître sur lequel s'ouvraient les cellules.

On demeure captivé sous les charmes de cette cérémonie, glorification solennelle de la virginité, elle est dans son caractère grandiose comme imprégnée d'un parfum de poésie et d'onction céleste qui enveloppe l'angélique vertu de la vierge.

Les rites observés, la nouvelle religieuse se rendit au chœur d'un pas léger où l'appelait son attachement au Sacré-Cœur.

Or, il était d'usage à cette époque, dans les abbayes de France, de conserver les hosties consacrées dans une

Colombe d'argent, suspendue par une chaîne d'or au-dessus de l'autel majeur.

Une colombe figurait autrefois dans l'antique culte qui se pratiquait sur le mont Garizim, comme on voit encore une colombe en or à la Mecque, ville sainte des Musulmans.

N'est-ce pas un souvenir rétrospectif de la colombe de l'arche de Noë sur le mont Ararat ?

Notre religieuse fascinée par la vue de la colombe, portant et cachant le bon Dieu, voulut le voir ; hélas, c'est toujours Eve qui se retrouve dans toute action du genre humain. Candide, elle avait pris l'habitude à l'aurore de prier l'oiseau de descendre pour lui montrer son trésor auquel tous rendent hommage, les uns par la haine, les autres par l'amour.

Ce jour là, plus tremblante que jamais dans son désir, la jeune religieuse élève les bras comme pour saisir l'oiseau mystique et d'une voix angélique s'écrie : Mon Dieu, donnez-moi des ailes de colombe et je prendrai mon vol vers vous.

Soudain, la colombe d'argent s'ébranle et descend au milieu d'un nuage qui couvre le Saint des Saints.

La cloche du repas avait en vain sonné, la nouvelle sœur n'avait pas apparu au réfectoire. Et lorsqu'on vint à la chapelle, la religieuse était toujours courbée devant l'autel. La colombe de l'Eucharistie s'était envolée avec son âme blanche et douce, comme le lait vers la Jérusalem céleste.

L'abbesse appuyée sur sa crosse, ayant autour d'elle ses saintes filles, lui formèrent comme une couronne vivante ; puis les portes se refermèrent sur cette scène digne de la vision des anges.

Il n'y a que le pinceau d'un artiste de foi, ou le luth du poète, pour rendre tangibles les mystérieuses beautés de la vie monastique.

AU TEMPS DE SAINT-GENOUPH.

Plusieurs auteurs font de saint Genouph (Genulphus), et de saint Gendulph (Gendulphus), un seul et même personnage ou les confondent avec saint Gondon (Gondulphus).

Or ces saints personnages sont différents les uns des autres. Saint Gondon était évêque de Milan et termina sa vie sous le froc, léguant son nom à une bourgade des environs de Gien.

Saint Genouph a laissé son nom a des localités du Berry et de la Touraine. Aux temps moyenageux les légendes étaient déjà un aliment intellectuel offert à la piété des fidèles, et quand on n'avait pas les actes d'un saint pour les lire, on en composait de plus vraisemblables et de non moins merveilleux.

C'est ainsi que les légendes ont eu à subir les assauts des chroniqueurs qui ont ajouté ou ont retranché ; les belles ciselures des artistes, les chants des poètes les ont embellies de leurs aimables fictions.

La commune de Saint-Genouph en Touraine, est signalée sur la carte de France, par Cassini. On sait que ce géographe a laissé à la postérité l'un des ouvrages le plus beau qui existe en son genre.

La forêt d'Ulmetum que l'on trouve mentionnée, au ve siècle, dans les chartes de l'abbaye de Marmoutier, couvrait d'une sombre et riche végétation le territoire qui s'étendait à l'ouest de Tours, au confluent du Cher et de la Loire. Cette vallée porta plus tard le nom de *varennes*, mais son origine remonterait plus haut encore au déclin du IIIe siècle. Ce ne pouvait être qu'un assemblage de quelques pauvres habitations sur la lisière des grands bois, non loin de la rive de notre belle Loire, dont les eaux ressemblent à l'opale aux reflets changeants.

Ce serait à cette époque que saint Genouph accompagné de son père saint Genit fuyant la persécution de l'empereur Dèce, vint évangéliser les campagnes de la Gaule, entre la Garonne et la Loire, tantôt en Berry, tantôt en Touraine.

S'il faut en croire une ancienne tradition, saint Genouph en quittant les pieuses contrées arrosées par le Lot, aurait converti le comte Dioscorus dont il ressuscita le fils à Cahors. Puis cet homme saint, serait venu aux environs de Tours, alors capitale de la troisième Lyonnaise, sous l'épiscopat de saint Gatien, premier évêque de la ville, à cette époque les missionnaires élevaient des monastères sur leur passage, qui n'étaient sans doute que des camps volants pour eux et quelques disciples, mais ou ils venaient se reposer de leurs courses apostoliques.

C'est en Berry qu'eut lieu l'épisode retracée dans le fragment d'une verrière de cette église, aux portes de la ville de Tours, épisode qui appartient à ce lot d'édifiantes traditions que les chrétiens des Gaules se confiaient de bouche en bouche.

Un jour que ce Prélat était occupé, la bêche et la

cognée à la main, avec de nouveaux disciples défrichan
un coin de terre qu'il voulait convertir en jardin, un
renard à l'affût des poules, réunies en cet endroit en
grand nombre, autant pour la réfection des voyageurs
étrangers que pour le soulagement des frères malades,
vint à s'emparer de l'un de ces volatiles et à s'enfuir en
le tenant avec les dents. A cette vue, le saint confesseur
ordonne au maraudeur de rebrousser chemin et tout hon-
teux de déposer son larcin à l'endroit indiqué.

Depuis lors « oncques en ce lieu on ne vit de renard
inquiéter les poules ».

On sait que cet animal est pour les peuples de l'O-
rient, le symbole du mauvais esprit.

Saint Genouph en interposant sa médiation à propos
dans cette humble circonstance, nous semble un protecteur tout trouvé pour les éleveurs de volailles et particulièrement pour les coquetiers.

Ce fut un rude saint à une rude époque.

En s'appuyant sur le fait représenté par cette verrière d'un charme tout spécial, au dessin peint avec
amour et foi, conservée avec un soin particulier, tombe
de soi, cette tradition mal fondée dans laquelle on
racontait après la guerre de Cent ans que c'était là, le
Léopard d'Angleterre tenant en sa gueule, le coq Gaulois.

La vérité n'efface l'erreur que lentement et graduel-
lement, comme l'aurore efface les ténèbres.

C'est encore en Berry, sur les bords du *Naum*, dans
un endroit hanté par les démons et appelé : Cella-De-
moniorum que saint Genouph fut enseveli. Les restes
furent transférés à l'abbaye Saint-Sauveur d'Estrées au
xi⁰ siècle. Plus tard l'abbaye de Saint-Genouph devint
un fief relevant du château de Loches.

Les Grands vinrent fléchir le genou devant son tombeau, l'exposition de ses reliques rassurait le peuple

consterné, on invoqua saint Genouph pour la goutte, et ceux qui exerçaient la médecine mettaient de bonne grâce leur pharmacopée sous l'invocation du bienheureux thérapeutiste.

La foi nouvelle faisait de rapides progrès, et les apôtres des Gaules, se trouvaient pénétrés de la puissance surnaturelle que la communication de l'esprit de Dieu pouvait seul leur donner.

COUP D'ŒIL RÉTROSPECTIF

Sur le Château du Plessis-les-Tours.

Le château du Plessis-les-Tours, ne figure dans l'histoire que sous le roi Louis XI. Il avait acquis cette châtellenie d'Hardouin de Maillé, de noble et illustre famille de Touraine.

Comme dauphin, c'est à Tours qu'il célébra son mariage avec Marguerite, fille de Jacques 1er d'Écosse. Lors des réjouissances publiques, un historien raconte qu'au lieu d'instruments de musique pour les danses populaires, on fit transporter sur la place Notre-Dame-la-Riche, l'orgue portatif de la cathédrale, réminiscence des hippodromes romains où des orgues d'argent accompagnaient les hymnes et les acclamations du peuple.

À son avènement au trône de France, Louis XI fit bâtir sur l'emplacement d'un ancien manoir, un château en briques, dans le goût du xve siècle, non loin de l'abbaye de Beaumont et du prieuré de Saint-Côme.

De là, le roi envoya à Mayence, Nicolas Jenson, graveur et directeur de la monnaie à Tours, afin d'étudier l'imprimerie qui attirait alors l'attention générale.

Certains écrivains ont donné une physionomie redoutable à cette résidence royale dont les jardins et les parcs seuls égayaient la solitude. Louis XI y passa les vingt dernières années de sa vie ; il y aurait composé un roman de chevalerie, le *rosier des guerres*, pour son fils, et pour lequel il ne permit pas qu'on lui enseignât d'autre phrase latine que celle-ci : *Nescit dissimulare, nescit regnare*. « Celui qui ne sait pas dissimuler, ne sait pas régner ».

Souverain redouté, Louis XI y mit à exécution ses vastes projets ; la hache d'une main il abattit la Féodalité, un traité de l'autre main, il affranchissait la Commune. Il fut le Père de la politique moderne, en faisant surgir l'idée de la Patrie inconnue jusqu'alors, accablé de craintes superstitieuses. Ce vieux lion aux abois fit venir de Paule en Calabre, province d'Italie très pauvre, un pieux ermite.

Frère Robert, honoré aujourd'hui par l'église sous le nom de Saint-François de Paule, et qui était fils de Jacques Mantotille et de Vienna, né au château de Fuscaldo, au diocèse de Cosenze. Frère Robert fut donc invité à détourner la mauvaise fortune qui semblait s'attacher au roi, et à obtenir du ciel la vigueur que le royal vieillard étique avait demandée en vain à Notre-Dame de Béhuard, et à Notre-Dame-de-Cléry, en priant dans les magnifiques chapelles qu'il avait fait élever sur les bords de la Loire, et qu'il avait enrichies de ses royales largesses.

Le roi de France, on se le rappelle avait à se reprocher de grands crimes : son ingratitude envers son père Charles VII dont il hâta la fin, ses luttes contre l'aristocratie, les ruines de la maison de Bourgogne qui l'avait accueilli, l'abandon de la pragmatique Sanction qui avait déterminé l'animosité du clergé, enfin la haine du peuple qu'il frappait d'affreux supplices.

Le 24 avril 1482, le roi de France accueillit l'ermite Calabrais avec des manières pleines de douceurs et de cordialité. Ambroise Rambault fut attaché près de lui comme interprète. Nos peintres modernes ont retracé cette entrevue, et diverses toiles de valeur ont reproduit cette scène et enrichissent les murs de nos églises ainsi que nos musées nationaux.

Mais hélas! cette fatale échéance que le roi croyait ajourner, vint plutôt qu'il ne pensait. Frère Robert obtint au monarque une grâce du ciel, celle de se résigner à la volonté de Dieu et de bien mourir.

C'est à Saint-Martin de Tours qu'eurent lieu les funérailles royales, présidées par Thomas des Landes, alors doyen. Le corps du roi fut transporté à Notre-Dame-de-Cléry, due à sa munificence, près Orléans.

C'est une utile digression que de dire quelques mots de cette église, merveille du xvᵉ siècle qui depuis 1894, a reçu le titre de Basilique mineure.

Louis XI en a fait un chef-d'œuvre afin d'accomplir un vœu fait sous les murs de Dieppe, d'où il chassa les Anglais.

On montre encore de nos jours la maison en briques, résidence du roi pendant l'exécution des travaux de l'église qui, reconstruite sur l'emplacement d'un monument religieux, élevé par Philippe de Valois, afin de mettre sous la protection de Notre-Dame les Levées de la Loire, qui acquirent la forme qu'elles ont conservée, ce monument avait remplacé lui-même un oratoire primitif, dont parle saint Liphare de Meung.

Par son testament Louis XI ayant désigné Notre-Dame-de-Cléry comme lieu de sa sépulture, le roi de France y fut inhumé avec son épouse Charlotte de Savoie, ainsi que Louis de France, fils aîné de Charles VIII.

On descend dans le caveau royal par un escalier découvert récemment, et formé d'une suite de dix marches. Une litre noire orne les murs où figuraient autrefois des écussons royaux.

L'auge sépulcrale d'une seule pierre, construite du vivant du roi, renferme actuellement son squelette, ainsi que celui de Charlotte de Savoie. Les cercueils en plomb disparurent en 1792.

On y montre à la curiosité publique les deux crânes royaux, sciés pour l'embaumement, ainsi que leurs maxillaires.

Il me fut permis de les tenir entre mes mains, et je pus causer un instant avec la tête de Louis XI, comme Hamlet avec celle d'Yorick.

Dans ce même caveau royal est une autre petite auge sépulcrale, contenant quelques ossements attribués à des personnages de l'illustre maison de Joyeuse. Ils sont là, prêts à se lever au commandement du Juge suprême. Diverses inhumations eurent lieu dans cette Collégiale, qui le disputait à la Basilique de Saint-Denis pour les sépultures royales à cette époque.

Charles VIII confia son cœur à la garde de Notre-Dame-de-Cléry, il fut retrouvé en 1873 renfermé dans une cassette d'étain, où on lit : « Ce est le cœur du roi Charles VIIIe, 1498 ». Et dans ce même petit caveau est le corps de François de France, reposant non loin de son père et de son aïeul.

On sait qu'à la cathédrale de Tours s'élève un monument en marbre blanc, dû au ciseau des frères Lejuste, et renfermant les ossements de deux autres enfants de Charles VIII.

C'est encore pour se conformer aux volontés de Louis XI que Charles, au lendemain de son entrée victorieuse à Rome, fit acheter une vigne sur le Monte-Pincio, dans la ville même de Rome, ayant obtenu du Pape Alexandre VI l'autorisation d'y bâtir un monastère avec une église, afin d'y installer les frères *minimes*, dont Saint-François de Paule était le fondateur ; les rois Louis XII et François Ier achevèrent l'œuvre commencée. Si ce couvent a disparu, les dames françaises du Sacré-Cœur possèdent toujours le couvent de la Trinité-des-Monts.

Près du caveau royal de Louis XI, fut enseveli Tanneguy du Chastel, l'un des meurtriers de Jean sans Peur au pont de Montereau, ce grand maître de l'artillerie fut tué au siège de Bouchain, sur l'Escaut.

La chapelle Saint-Jean renferme d'autres corps, parmi lesquels celui de Jean, comte de Longueville et de Dunois, compagnon d'armes de Jeanne d'Arc ; quoique bâtard il eût les honneurs de Prince légitime en récompense de ses services. Marie d'Harcourt, son épouse, ses fils et petits-fils ont été réunis sous les mêmes dalles, alors que les restes mortels des deux frères de Pontbriand, Gilles, doyen du chapitre, et François, architecte reposent dans la chapelle Saint-Jacques.

On sait aujourd'hui que François de Pontbriand fut l'architecte du château de Chambord en 1518, ayant Nepveu et Gobereau comme maîtres-maçons. Les armoiries parlantes de cette famille « *d'azur à un pont aux arches d'or* » figurent au milieu d'autres armoiries « *au bâton de pèlerin supportant la besace et la gourde* », ainsi que des « *hermines et des cordelières semées autour de l'écusson royal* » en l'honneur d'Anne de Bretagne et de Claude de France, sa fille.

Le mausolée érigé à la mémoire de Louis XI s'élève du côté de l'Evangile et un peu en dehors de la sépulture royale, afin de ne pas écraser de son poids la voûte faite de pierres en moyen appareil, détruit en 1562, rétabli par Louis XIII, mutilé à nouveau en 1793, il fut définitivement restauré en 1896.

Au trésor on voit deux magnifiques couronnes, don de Pie IX pour le couronnement de la statue qui eut lieu le 8 septembre 1863.

Que d'émotions on éprouve en ce lieu ! devant les nombreux témoignages attestant les faveurs insignes qu'accordent la reine du ciel dans ce sanctuaire privilégié.

Aujourd'hui, comme jadis. les pèlerins peuvent s'en retourner en répétant le joyeux refrain : Orléans, Beaugency, Notre-Dame-de-Cléry !

Je reprends mon récit sur Plessis-les-Tours où je l'avais laissé.

Après la mort de Louis XI, la cour ne fit plus au Plessis que de rares séjours. Les arbalétriers d'Ecosse s'éloignèrent et avec eux les chausses-trappes, broches et moineaux de fer, qui garnissaient les fossés et chemins de ronde.

Outre l'église Saint-Mathias, située dans l'avant-cour, ne servant que pour les commensaux du château, la Collégiale appelée Sainte-Chapelle-du-Plessis était desservie par un chapitre de chanoines.

Charles VIII alors régnant, « si bon, dit Commines, qu'il ne se peuvait voir meilleure créature », fit don du lieu de la *Bergerie* pour y élever une église. François de Paule la fit construire ainsi que quelques bâtiments claustraux pour ces amants de la pauvreté volontaire connus sous le nom de *Minimes* et dont il devint supérieur général.

Leur règle, que François dicta sous l'inspiration du ciel et qu'on a appelée *Correctoire* fut approuvée par Jules II.

Cette nouvelle église dont Pierre Mahy fut maître-maçon reçut le vocable de Jésus-Maria. Elle contenait deux chapelles dédiées à saint Jean-Baptiste et à Notre-Dame.

Une lanterne hexagonale en forme de clocher, assise sur le milieu de la toiture, était surmontée d'une croix dorée.

Louise de Savoie, régente de France, pendant la captivité de François I�er, fit ajouter une seconde nef et l'église prit le nom de l'Annonciation. Des vitraux peints sortis de l'atelier de Gilles Jourdain, à Tours, décoraient les fenêtres ; les stalles du chœur étaient l'œuvre de Michel Theloppe maître-menuisier.

Une autre chapelle y fut jointe sous le vocable du « Trépas de saint François de Paule ». Le saint avait été inhumé en 1807 en la chapelle de Saint-Jean-Baptiste. On décorait en même temps la chapelle Notre-Dame d'un groupe de statues représentant le mariage de la Vierge, par Antoine Charpentier, que l'on voit dans l'église paroissiale de Notre-Dame-la-Riche.

Durant les guerres fratricides de religion, les protestants ravagèrent le couvent du Plessis et les tombes y furent violées et pillées. On a le cœur serré en pensant à tous les évènements qui assombrissent cette époque ; avec le bois du grand crucifix arraché à l'arc triomphale de l'église, on brûla les corps de saint François de Paule que Dieu s'était plu à illustrer par des miracles, ainsi que les restes de Frédéric III d'Aragon. Tout le monde sait que ce prince avait été dépossédé de son royaume de Naples par Louis XII, qu'il avait eu Tours pour résidence, et qu'il avait été suivi en exil par la reine Isabelle son épouse, ainsi que par le poète Sannazar, surnommé le Virgile chrétien, c'est ainsi qu'après sa mort il avait reçu la sépulture en l'église de l'Annonciation.

La société archéologique de Touraine fondée en 1840 et reconnue d'utilité publique, possède dans son musée une toile peinte représentant l'incinération du corps de saint François de Paule, 13 avril 1562.

Plusieurs autres caveaux furent violés entre autres, ceux de Jean de Baudricourt, Maréchal de France, de Charles, duc de Savoie, de Bernard de Verdevia, confesseur de la reine Eléonore d'Autriche, sœur aînée de Charles-Quint, mariée en secondes noces à François Ier. C'est encore à cette époque que les ossements précieux de saint Martin, ainsi que ceux d'un grand nombre de saints qu'abritait l'insigne Basilique, furent brûlés par les Calvinistes.

Aux xviie et xviiie siècles divers personnages furent inhumés dans un caveau funéraire creusé dans la chapelle du Trépas de Saint-François. Dans le cloître une chapelle dédiée à la Sainte Vierge et à saint François de Paule fut fondée par Jacquette Maulandrin de Blois, dont les armoiries sont : *de gueules à la fasce palée de six pièces d'or et d'azur accompagnée de trois têtes de lion d'or.* Elle fut l'épouse d'André d'Alesso ou d'Alexio, neveu de François de Paule, dont les armoiries sont : *tranché de gueules et d'azur à une patte de lion. Archives de Naples.*

La sœur de François de Paule, Brigitte Martotille, mariée à André d'Alesso, eut plusieurs enfants, Nicolas et François entrèrent dans l'ordre des minimes, Marin, fut chanoine de Saint-Martin, à Tours.

Cette chapelle du Trépas était devenue un but de pèlerinage. Néanmoins, quelques hommes remarquables y eurent leur sépulture.

Parmi ces derniers, Messire Charles Tubeuf, Intendant de la Touraine, une des 26 généralités de France, institution des plus vieilles de l'ancienne Monarchie que Richelieu, ministre de Louis XIII, réorganisa à son profit.

La famille Tubeuf descend d'une lignée des Tubeuf en Normandie, et possédait outre la Baronnie de Tubeuf, près l'Aigle, les terres de Vert, près Chartres et de Blanzac, en Auvergne.

Charles Tubeuf, né en 1634, épousa Marguerite Potier de Novion et décéda à Tours, le 3 septembre 1680.

Sur un registre paraphé de J.-B. Gaullepied, seigneur de Bois-le-Roy, Lieutenant particulier au baillage et siège présidial de l'ancienne paroisse de Saint-Pierre-du-

Boîte, on lit : Le troisième septembre 1680, enterrement en l'église du cœur et des entrailles de Messire Charles Tubeuf, Intendant de Touraine, ou le corps est déposé dans l'église par moi, Curé soussigné,

Julienne.

Ce ne fut que quelques années plus tard, que le corps fut transféré à l'église de l'Annonciation du Plessis.

Ce mausolée est tombé sous le marteau d'une bande de démolisseurs pendant les troubles de notre Révolution. On y lisait : Les héritiers ont dans cette chapelle qui leur est propre de leurs successions gravé sur le marbre leur souvenir et leur éternelle reconnaissance, ainsi qu'ils l'ont dans le cœur pour leurs très chers parents et bienfaiteurs en 1683.

Cette chapelle était fermée d'une grille armoiriée.

L'histoire est le livre des vivants mais surtout celui des morts qu'elle exhume du tombeau pour la confusion des uns et la gloire des autres. C'est ainsi qu'elle rend aux gens de bien les honneurs qu'ils méritent et qu'elle fait fleurir la justice.

Si le marteau des démolisseurs n'a laissé du château royal de Louis XI qu'un simple logis, qui vient d'être restauré, les souvenirs y sont toujours vivaces.

On rapporte que François de Paule, dont l'âme était tournée sans cesse du côté des choses spirituelles, ne dédaignait pas d'abaisser les yeux vers les prémices de la terre, pour servir les hommes en particulier, et que dans l'intervalle de ses entretiens religieux avec son royal pénitent, il s'occupait d'arboriculture, retrouvant beaucoup de rapports entre le sol fertile de la Touraine et le climat chaud de ses plaines natales.

L'épisode suivant rattache un souvenir à l'illustre agonie royale.

Par une tiède matinée d'été 1482, le châtelain de Plessis-les-Tours, en simple costume, suivi de sa meute de roquets et accompagné de son fidèle médecin Coythier, venait de diriger sa promenade vers le monastère du Plessis, du parc qu'il avait fait bâtir au-delà du château. Louis XI voulait se rendre compte par lui-même, comme de toute chose, de quelle manière l'ermite s'entendait aux soins du verger. L'utile était en effet sa seule règle, tous les moyens étaient bons pourvu qu'ils servissent ses projets. Surpris de cette visite matinale notre pieux personnage plein d'imagination, de finesse, ne voulut pas rester sans offrir quelque fruit nouveau de son verger, si bien alimenté par la fontaine de la Carre, située au flanc du coteau de Joué et qui porte encore l'écusson royal.

Cueillant une poire à maturité, notre ermite l'offrit à son royal visiteur qui y mordit à pleines dents. La saveur du fruit calma un moment les fiévreuses angoisses du roi. Et ainsi fut pallié le mal dont souffrait cruellement le royal moribond.

Le succès de François de Paule fut complet; car, Louis XI dans l'élan de sa reconnaissance donna à la poire le nom de « Bon Chrétien », dont il aimait à appeler son pensionnaire Calabrais.

Telle serait l'origine de ces poires de « Bon Chrétien », d'une saveur particulière, que l'on rencontre en côtoyant les rives du Cher et les bords de la Loire.

On raconte encore que l'ermite du Plessis-du-Parc, quitta la terre et prit son essor vers les cieux, en abandonnant son bâton non loin de la levée du Cher où aboutissaient de longues avenues mélancoliques.

Ce bâton devint cette épine blanche dont on voit encore les rejetons sortir à travers les fentes du mur, et c'est d'une branche de cette épine, devenue un arbre, que fut sculpté un Christ offert en 1877, à la Basilique du Sacré-Cœur à Montmartre.

De tels hommes ne meurent point tout entiers, ils laissent après eux d'impérissables souvenirs que l'humanité reconnaissante célèbre par de pieuses solennités.

L'église que François de Paule avait édifiée par ses vertus, ne tarda pas à l'inscrire au nombre de ses saints. Sa fête est fixée au 2 avril.

AUX GROTTES DE SAVONNIÈRES

En divers points du cours du fleuve de la Loire en Touraine, on peut retrouver sur les flancs des versants qui se font face, les mêmes dispositions de couche siliceuse ; c'est depuis le soulèvement des montagnes que les grandes vallées se sont formées et sont devenues le lieu de rendez-vous des peuplades au temps des grandes migrations.

Je ne vous conduirai pas, lecteur, dans l'antre de Trophonius, ce célèbre architecte du Temple de Delphes qui d'après l'histoire de l'ancienne Grèce, fut englouti après le meurtre de son frère Agamède ; nous pouvons affirmer depuis longtemps déjà, que les hommes avant de construire des maisons avaient habité des cavernes.

Généralement les grottes ont été agrandies par les mains des hommes et sont devenues des carrières, des abris pour les troupeaux, des greniers pour les provisions, des refuges pendant les époques désastreuses du moyen âge ou des guerres fratricides de religion, de là, leur nom de *caves* dans la contrée.

Sous le plateau qui domine l'église du village de Savonnières, s'étend une grotte ossifère composée de plusieurs chambres dans lesquelles on pénètre par des ouvertures rétrécies, parfois si difficiles, que l'explorateur doit, pour y parvenir, se courber ou se traîner sur les mains ; cependant, on y constate l'action de l'homme.

La voûte siliceuse repose sur des piliers puissants, le sol renferme des cailloux ronds, des coquilles fluviales, preuve indélébile du séjour des eaux diluviennes, comme sous un autre point de vue, on reconnaît l'action du feu du ciel visible encore de nos jours dans tout le bassin de la mer Morte.

Un passage étroit formé d'une couche d'argile tient caché ses secrets. J'y ai trouvé divers fragments de poterie gauloise, Franke, ainsi que du moyen âge, et dans une cavité une pierre tendre formée d'une ancienne boue solidifiée, dans laquelle se voient distinctement diverses empreintes formées par les traces des pieds d'animaux qui la pétrirent. — Ce corps solide a été déposé au musée archéologique. — L'air vicié ne m'a pas permis d'entreprendre des fouilles sérieuses, nul doute que des fouilles conduites méthodiquement, apporteraient un bon résultat.

Sur une partie, la roche a été taillée tout exprès pour servir de siège, on l'appelle le lieu de Saint-Perpet ou Perpétue.

Il est certain que les diverses tribus évangélisées par ce défenseur du christianisme, ainsi que les esclaves qu'il affranchit, devaient trouver dans cette grotte une retraite assurée. On sait que cet apôtre appartenait à une famille sénatoriale d'Auvergne, il succéda à son oncle, saint Eustoche, sur le siège de Tours, il était possesseur à Savonnières de la villa « Saponaria », dont dépendait sur le Cher un moulin à eau, le plus ancien connu, ainsi que les terres de Berthenay « Villa Bertiniaco », domaine qu'il légua par son testament à l'église de Tours, instituant son exécuteur testamentaire le Comte Angilon, Gouverneur de la Touraine et lui léguant son cheval. Il fut inhumé dans la Basilique qu'il fit élever sur le tombeau de saint Martin, et l'un des plus somptueux monuments des Gaules.

L'aspect des lieux mêmes sur ce territoire n'a pas sensiblement changé, on y jouit d'une vue grandiose.

Voici encore au pied de la colline, le moulin à eau, agitant toujours sa roue à aubes au même point assigné par le saint Evêque de Tours. — Ce vénérable moulin vient de se transformer en une minoterie ; car, telle est l'évolution des choses. — Non loin, une laiterie, ici, Perrette ne porte plus son pot au lait sur sa tête, et peut rêver sans crainte de voir s'écrouler ses châteaux en Espagne.

Quant aux Savonnières, si estimées des Romains, qui restèrent dans les Gaules jusque vers la fin du v° siècle, elles ont disparu avec le temps, mais ont laissé leur nom au pays même de Savonnières.

En suivant le flanc du coteau, on remarque de nouvelles « frasques » de dame nature. C'est encore une grotte d'une dimension plus imposante, éclairée par des fissures projetant une lumière ruisselante sur les parois de ces murailles à pic si austères en leur nudité rougeâtre, cette lumière s'affaiblissant dans les méandres de l'obscurité, crée des reflets blafards si impressionnants qu'on est saisi d'une respectueuse terreur.

C'est d'une solitude absolue que rien ne trouble, et ou il n'y a pas vestige de la vie. C'est d'un silence éternellement sauvage qui vous jette dans l'âme, l'effroi pénétrant qu'on ressent en face des forces encore si inconnues et si grandioses de la nature.

Sous l'ombrage d'arbres séculaires, derniers vestiges de la vaste forêt de *Planté*, dont les ormes et les hêtres couvraient naguère les coteaux et la plaine aux rives de la Loire, hautes futaies que les seigneurs de la première race de nos rois, avaient prises en affection pour les chasses qu'elles leur offraient, on rencontre les *caves-gouttières*, nom donné à une grotte d'une longueur de près de cent mètres, et divisée en plusieurs salles. Grotte signalée par Bernard Palissy, et où, il chercha peut-être ces terres à faïences dont le modèle était si extraordinaire, qu'elles lui méritèrent le titre : d'*Inventeur des rustiques figurines du roi.*

L'eau qui suinte des parois forme des concrétions calcaires se multipliant à l'infini. La lumière d'un flambeau s'y reflète par les mille diamants des stalactites.

Dans une sorte de pénombre qui vous enveloppe, on y distingue la table, le rocher, la cascade, et quelque chose rappelant la femme de Loth changée en une colonne !

Une fée protectrice y remplissait, dit-on, de mystérieuses fonctions, assistée des nymphes ses compagnes, qui passent tout le jour à se mirer dans le cristal des eaux.

C'est bien là, une de ces grottes rêvées par les poètes, ou l'on se croit transporté dans les humides palais des Naïades.

Un cortège omnicolore suit le visiteur. Ici, de gracieuses ondines enveloppées dans de blanches vapeurs ; là, des formes diaphanes à la chevelure lumineuse s'élèvent et s'abaissent dans des couleurs chatoyantes.

Ce travail de la goutte d'eau qui s'écoule presque imperceptiblement produit des œuvres pétrifiantes d'une exquise fantaisie. Un préjugé très justifié empêche les habitants de se servir des eaux de cette grotte pour eux et leur bétail.

Cette excursion n'est pas une des moins intéressantes aux touristes pour lesquels il n'y a pas de pays lointain qui ne soit proche, pas de route ardue qui ne soit abordable.

On accède à ces grottes en voiture, en auto, à bicyclette, la route facile vous permet de marcher à l'allure qui vous plaît, ou bien encore à pied, si vous êtes poète, peintre, ou bon marcheur. La conclusion est facile à tirer.

Parmi les sources incrustantes en Touraine, comme les sources de Courçay, de Truyes, de Joué, on ne saurait oublier de citer l'étang pétrifiant de Genault, dont les eaux ont la propriété de pétrifier spécialement le bois.

SAINTE APOLLINE

A l'une des extrémités du pont jeté sur l'Indre, vis-à-vis de Pont-de-Ruan où, naguère passait une voie Romaine, il s'élève une chapelle rustique, isolée, à l'instar des anciens édicules afin d'attirer les bénédictions du ciel sur les solitudes sauvages et agréables à la fois.

C'est généralement une pièce voûtée, blanchie à la chaux, avec quelques ex-voto, pieux souvenirs d'une madone attirant une oraison mentale des gens qui passent, mais dont les goûts sont rustiques, l'admiration facile et le cœur fervent.

En Allemagne, les ponts sont généralement sous le patronage de saint Jean Népomucène qui fut précipité dans une rivière, par ordre de l'Empereur Wenceslas pour avoir refusé de lui révéler la confession de l'Impératrice en 1383.

Ici, le pont est sous la sauvegarde de sainte Apolline, la statue de cette sainte qui est encore vénérée dans l'église de Chambray, provient d'une chapelle construite près de la source du ruisseau de Saint-Laurent, fief qui dépendait du prieuré de Saint-Jean-du-Grais.

On rencontre encore le patronage de sainte Apolline jusque dans les îles Anglo-Normandes, à Guernesey, tant cette sainte fut populaire pour la guérison des douleurs névralgiques causées par les maux de dents.

3**

Dieu a fait choix dans tout l'Univers de quelques sanctuaires environnés d'une protection spéciale où Il manifeste ses bontés, lorsqu'on invoque ses saints, la Providence mesurant les forces au fardeau de la douleur.

Au moyen âge on retrouve dans les mœurs des campagnes, une croyance superstitieuse contre le mal de dents
qui consistait à toucher la mâchoire souffrante, avec une
dent de mort.

Sainte Apolline, vierge d'Alexandrie, ville à l'embouchure occidentale du Nil, souffrit le martyre sous
l'Empereur Dèce, au iii° siècle. Cet usurpateur de l'Empire Romain renouvela la persécution avec plus de
violence que jamais. Les superstitions païennes jetaient
leurs dernières lueurs avant de s'éteindre dans les
clartés chrétiennes.

Pour obliger cette vierge à renier la foi du Christ, le
bourreau lui fit subir divers tourments, et avant de lui
arracher les dents, on lui brisa les mâchoires et puis elle
fut brûlée vive. Le trésor religieux de Grenoble possédait avant la Révolution, une dent de sainte Apolline,
précieuse relique et don de saint Hugues, évêque de
cette ville au xi° siècle.

La sainte folie de la Croix, personnifiée si admira-
blement dans cette vierge, ne sera jamais comprise par
nos pharisiens modernes. Il n'y a rien d'étonnant que
cette lecture amène sur leurs lèvres le sourire du dédain
et de la pitié, je resterai profondément surpris, qu'ils
daignassent prêter attention à ce récit historique. Si les
persécutions firent une infinité de martyrs de tout sexe
et de tout âge, elles firent aussi des apostats parmi les
heureux des siècles qui amenèrent des schismes opposés,
celui des *libellatiques* et celui des *novatiens* qui furent
condamnés dans divers conciles.

A l'église paroissiale de Pont-de-Ruan, est un autel
dédié à sainte Apolline. Ce monument religieux qui

porte les caractères de la plus haute antiquité, remonterait à saint Brice, évêque et successeur de saint Martin.

Il était d'usage, au moyen âge, lorsqu'on construisait une église, de conserver dans la nouvelle maçonnerie quelques parties des murs qui existaient autrefois, afin de perpétuer la chaîne des pieux souvenirs des aïeux.

La nef qui est la partie la plus ancienne, présente des pierres cubiques entremêlées à diverses époques de pierres de moyen appareil ; elle est ornée de fenêtres en forme de meurtrières. L'abside rectiligne du xii° siècle est caractérisée par des fenêtres à lancettes. A la partie supérieure de la toiture est un clocher primitif rare, c'est une arcade, destinée à abriter la cloche et qu'on nomme *Bertrèche*.

On attribuait dans le cours des âges au son des cloches, une puissance presque miraculeuse, de là, ces invocations que nous lisons parfois sur leur « listel ».

Les cloches restent les compagnes assidues de la naissance, de la vie et de la mort des chrétiens, en un mot, les messagères fidèles de leurs espérances, de leurs joies et de leurs douleurs. Nos ennemis savent bien ce qu'elles chantent puisqu'ils commencent toujours par les étouffer quand ils veulent faire une guerre impie au Christianisme.

Au moyen âge, il existait une coutume religieuse consistant à jeter du fer et de l'argent et des métaux plus précieux encore, dans le creuset où se fondait le métal destiné à une cloche. On croyait aussi lui donner un son plus pur qu'on traduisait « d'argentin ».

Le bronze qui se forge dans un arsenal, est destiné à ne vomir que la mort, alors que le bronze aérien, par l'onction symbolique qu'il reçoit, représente la force et la vie. La cérémonie que le peuple nomme le baptême

d'une cloche, n'est qu'une simple bénédiction pour empêcher le peuple d'y mêler des pratiques trop superstitieuses. On rapporte à Louis XI l'usage de l'*Angelus* et
le roi, en mémoire, fit graver sur son flamart (épée)
l'*Ave Maria*.

Non loin de Pont-de-Ruan, est le village de Saché,
dont l'église, fortifiée au xv° siècle, renferme une chapelle qui appartenait aux Seigneurs de Rouxelley.

Si on ne parle plus d'eux dans leur ancien domaine, une
fille de leur race a aujourd'hui son nom toujours béni,
en dépit des innombrables changements brusques et
violents qui, en France, ont tout bouleversé. C'est la
Bienheureuse Marguerite de Rouxelley !

Elle fut un modèle de perfection et recueillit dans la
gloire la somme des mérites qu'elle avait amassés ici-
bas. Sa mort en 1628 fut un vrai triomphe ; des prodiges ne cessèrent de fleurir sur sa tombe, un voile de
modestie, d'humilité, de sainteté recouvre les cendres
de cette plante mystique qui embaume du parfum de sa
prière et de sa pénitence ce pays.

A la même époque le bienheureux J.-B. Gault, natif de
Tours, y vivait aussi en grande réputation de sainteté. Il
fut comme le précurseur de saint Vincent de Paul, par sa
charité et son dévouement pour les galériens de Marseille
dont il était évêque. Quelle gloire couronne ces âmes d'une
vie exemplaire, et comme devant elles pâlissent les lauriers des grands hommes de l'histoire profane !

Au château de Saché on conserve la chambre qu'habita Honoré de Balzac, fécond romancier tourangeau,
à l'imagination riche et riante, et qui sous le pseudonyme
de Viellerglé, de Lord R'hoone et d'Horace de Saint-
Aubin, préludait à la *Comédie humaine*.

Tout semble être encore à sa place en ce corps de
logis ; la chambre a conservé ce léger parfum de la présence de l'écrivain qui est comme l'émanation de son

âme; les sièges ont gardé la disposition d'entretiens familiers. On dirait que le maître va entrer ; au moindre bruit, on se retourne. Hélas! toute cette mise en scène de la vie, n'est qu'un mirage posthume !

Les réputations de Balzac et de Rabelais, tous les deux nés en Touraine, ont été très grandes. On n'entre dans les profondeurs de leurs pensées, qu'après des efforts qui coûtent, ils ne vous ravissent qu'après vous avoir heurtés, mais ils ont la même force, la même impersonnalité, la même griffe.

Ils moururent l'un et l'autre dans des sentiments de piété sincère.

Entre Pont-de-Ruan et la station du chemin de fer de Monts s'élevait le château de la Fresnaye, dominant la vallée de l'Indre, ancien fief connu sous le nom d'Hôtelfort, qui, comme son nom l'indique, était fortifié. Il disparut pour faire place à une habitation de style moderne.

Parmi les seigneurs qui possédèrent la terre de la Fresnaye, fut Gabriel de Lorges, comte de Montgommery, capitaine de la garde Écossaise du roi Henri II. Ce fut ce personnage ayant acquis une grande réputation d'adresse dans les tournois, qui blessa mortellement le roi, le 30 juin 1889, dans une joûte à Paris, à l'occasion des fêtes organisées en l'honneur du mariage d'Elisabeth de France, avec Philippe II, roi d'Espagne.

Peu rassuré sur les promesses de Catherine de Médicis alors régente, le comte de Montgommery se retira d'abord en Angleterre, puis revint prendre part aux guerres de religion, il échappa à la Saint-Barthélemy, fut condamné à mort et fut exécuté en *effigie*. Enfin tombé au pouvoir de ses adversaires en défendant la place de Domfront, contre le Maréchal de Matignon, il fut de nouveau condamné à mort et exécuté le 26 juin 1874.

Catherine de Médicis, vengea ainsi la mort de son royal époux.

3***

VERRIÈRE DE L'EGLISE DE METTRAY

Cette verrière a un charme pénétrant, et la lumière qui tombe sur l'autel comme une bénédiction donne à cet ex-voto un parfum de foi, une enlevée de poésie chrétienne qui provoquent un salut d'immense respect ; car, on y trouve un peu l'âme de la France. L'artiste peintre-verrier y a mis toutes ses facultés morales et intellectuelles.

Il y a une grande suavité de couleur dans la Vierge drapée d'une robe bleue, dissimulant ses pieds, alors que les madones aux pieds nus appartiennent à l'école des maîtres Florentins de la Renaissance.

Au premier plan deux seigneurs du xviie siècle, armés en chevaliers avec leur écu sur la poitrine. Ils sont à genoux devant une madone tenant l'Enfant Jésus, leurs heaumes sont déposés à leurs pieds. Ce sont là le père et le fils sous la protection de leurs saints patrons, saint Pierre et saint Michel, une dame vêtue d'une cornette et d'un col de velours à perles, paraît être la donatrice.

Trois écus armoriaux ornent cette composition. L'écu d'or à *3 fasces ondées* de *queules* rappellent la fameuse devise de la famille de Maillé : « Tant que le monde sera monde, à Maillé il y aura des ondes ».

(Notons en passant que ces lignes horizontales ondu-

lées sont le signe représentatif de l'eau dans les hiéroglyphes égyptiens).

Cet écu rappelle Mgr Simon de Maillé, archevêque de
Tours 1554-1597. Il appartenait à cette famille de Maillé
qui fut enseveli par une étrange fatalité sous les ruines
des plafonds du château de Brézé, qui s'écroulèrent
tous à la fois. Seul l'archevêque de Tours survécut à ce
désastre. Il était le deuxième fils de Guy de Maillé,
marquis de Brézé et d'Anne de Louhans.

Mettray était en effet, un fief relevant de la Motte-
Sonzay en Touraine, la maison seigneuriale était dans
le bourg, et le châtelain en vertu d'un droit féodal était
fondateur de l'église paroissiale du dit Mettray et les
prééminences en icelle lui appartenaient. Or la châtellenie de la Motte-Sonzay tout en relevant elle-même du
château de Tours, laissait son possesseur vassal de
l'archevêque, en raison de la chapelle du château et
comme homme lige il était assujetti à deux mois de
garde, chaque année, au palais archiépiscopal et devait
accompaguer le Prélat se rendant près du roi.

L'écu *d'azur* à *3 molettes d'éperons d'argent* est
de la famille Guy le Commandeur dont un descendant
comparut le 23 mai 1668 devant la généralité de Tours
disant, qu'il entendait maintenir sa qualité d'écuyer, quoique unique de sa famille, et qu'il porte les armes *d'azur
à 3 molettes*, 2 et 1, et a déposé au greffe les pièces
dont il entend se servir et a signé.

« Guy le Commandeur ».

L'écu *d'argent* à *3 bandes de sable*, au *Lambel* à
3 pendants de même, est de la famille Gruel, au pays
chartrain.

On sait que le lambel était attribué aux premiers
cadets des grandes familles, et figure par conséquent
dans l'écu des puinés.

Ce même écu figure sur les armures des deux chevaliers.

Pierre Gruel, capitaine des gardes du corps de Gaston d'Orléans, troisième fils de Henri IV, mort en 1660, était fils de Claude Gruel, seigneur de *Warty* en Touraine, relevant d'Amboise, gouverneur de Chartres, conseiller du roi, capitaine de 50 hommes d'armes, et de Louise Faudéas, fille de François, comte de Belin au Maine et de Françoise de Warty. Il eut plusieurs enfants, dont un fut seigneur de *Charentay*, fief relevant du château de Tours.

VERS LUYNES

Luynes est l'ancienne *Malliacum*, berceau d'une illustre maison de chevalerie qui compte au nombre des premières Baronnies de Touraine. Cette terre passa de la maison de Maillé à celle d'Albert, dont Léon porta le premier titre de Seigneur de Luynes : il fut tué à la bataille de *Cerisolles*, où le duc d'Enghien défit les Espagnols en 1844. Cerisolles rappelle encore un nom glorieux de la Touraine, Jean Gédouin de Thaix, du fief situé entre la Creuse et la Gartempe. A la suite de cette victoire, il fut revêtu le premier de la charge de Colonel général de l'infanterie française.

La seigneurie de Luynes fut érigée en Comté en 1572, pour Jean de Laval.

Dans les combles du château, les ouvriers ont mis au jour une fresque représentant un cavalier avec son harnais de guerre qui est comme le scel des seigneurs de cette vieille maison.

Cette terre seigneuriale fut érigée en duché-pairie en 1619, par Louis XIII, pour le Connétable Albert de Luynes. Ce dernier ne la garda que peu de temps, ayant été emporté par la fièvre contractée devant Longueville, pendant la guerre contre les protestants.

Les descendants de cette illustre famille possèdent toujours ce château dont ils portent le nom.

Sous la Révolution, la commune prit le nom de Roche-sur-Loire, de sa position adossée à un rocher, sur le versant méridional du coteau, est un amphithéâtre de maisons taillées dans le roc et environnées de jolis jardins.

Vers le déclin du xvᵉ siècle, Hardouin, Sénéchal de Saintonge où il rendait la justice au nom du roi Charles VIII, y avait fondé un chapitre de chanoines qui fut transféré plus tard à Saint-Jean-Baptiste-de-Langeais. Il fut alors remplacé à Maillé, sous le duc Louis-Charles, par un couvent de chanoinesses du Saint-Sépulcre, ordre de Saint-Augustin.

Les aspirations vers la vie monastique ont existé de tout temps. On ne saura jamais la quantité d'âmes qui ont dû peupler les innombrables monastères où s'est accompli tout ce que l'homme peut faire de plus grand ici-bas.

Quant à la question du célibat des religieux ou de la virginité opposée au mariage, question soulevée en tous les pays du monde, elle est tombée devant la liberté et les droits de l'homme.

Cette chapelle du Saint-Sépulcre devint, par la suite, le centre d'une paroisse, en se basant sur les décrets de différents conciles, que *dix maisons* sont suffisantes pour former une paroisse.

Cet édifice religieux, en son élégance, offre beaucoup d'intérêt. La façade occidentale est formée d'une baie en ogive, dans laquelle s'ouvrent deux portes à arc surbaissé et ornées de bouffettes.

L'abside est à trois pans coupés, avec larges fenêtres ogivales, par lesquelles se glissent les rayons de soleil formant une échelle lumineuse entre les dalles et la voûte soutenue par des tirants sculptés aux armes de la maison de Maillé. A la façade méridionale, est attenante une salle à voûte gothique ou aumônerie, dont les galeries extérieures ont disparu. Comme chapelle auxiliaire, elle devait servir de lieu de station aux processions, suivies dévotement par le peuple, puis devint, avec les chanoinesses, le *Salutatorium*, et un lieu destiné aux anniversaires dont le revenu était au titulaire.

Aujourd'hui, on passe insouciant sur cet espace agreste dont le nom seul attire l'attention ; car l'histoire des seigneurs de Luynes s'y rattache par des liens nombreux. Le peuple oublieux, ne sait plus rien du passé et, si le passé ne peut revivre, sachons au moins le connaître et le respecter.

*

Vers le milieu du ve siècle, la Province de Touraine, secouant le joug des anciens maîtres du monde, fit partie de la Confédération, dite de la République Armoricaine, et jouit d'une complète indépendance. C'est pendant ce laps de temps de paix que l'on éleva un monastère sur le plateau de Malliacum, dominant le cours du fleuve.

Les grands seigneurs Gallo-Romains y avaient déjà construit des villas contiguës aux retranchements militaires, comme ils élevèrent un temple pour leurs serfs et leurs esclaves.

Peut-être même que sans la conquête des Romains, le christianisme n'eut jamais pénétré dans les Gaules aveuglément soumises au pouvoir des Druides.

On rapporte que saint Solenne, évêque de Chartres, sous le règne de Clovis, vint mourir en ce lieu. Il fut inhumé dans la crypte de l'église du monastère. L'église fut détruite par les païens et l'on perdit jusqu'au souvenir du tombeau qu'elle renfermait. Le corps de saint Solenne fut transporté à Blois, en l'église de Saint-Pierre, qui prit le nom de saint Solenne.

Quant à la piscine qui se trouve sur le terrain même de cet antique monastère et à laquelle on accède par un certain nombre de degrés, n'aurait-elle pas été transformée pour y recevoir le corps saint de cé prélat ?

La crypte des premiers édifices chrétiens était divisée quelquefois en plusieurs compartiments. Le pavé (pavimentum) était formé de dalles de pierres ou de béton composé de chaux et de fragments de silex.

C'est encore sur ces mêmes lieux qu'au xie siècle, de nouvelles églises furent édifiées, l'une sous le vocable de saint Solenne, naturellement; l'autre de saint Venant, dont la vie est rapportée par saint Grégoire, dans son livre : *De la vie des Confesseurs.*

Les habitants se groupèrent autour. Dans les siècles de foi qui suivirent, un certain nombre de petites paroisses s'établirent autour des abbayes, des châteaux féodaux, fondations qui étaient d'autant plus faciles à réaliser, que les laïques devaient être gouvernés par les desservants des cures et que dix maisons suffisaient pour constituer leur juridiction à l'instar de ce qui avait lieu anciennement chez les Juifs où, en effet, 120 personnes et, parmi elles, 10 hommes de loi, étaient regardées comme nécessaires pour former une communauté ecclésiastique.

Plus tard, Hardouin de Maillé donna ces édifices religieux à l'Abbaye de Marmoutier, qui y fonda à leur ombre un prieuré, sous le patronage de saint Venant. On y voit les armoiries *à un bâton prieural, posé en pal, accosté des lettres* S. V.

Aujourd'hui le plateau est couvert par les prairies artificielles que frôlent les libellules et les phalènes; naguère il n'y croissait que des céréales; la vigne a depuis amené le morcellement de la propriété.

⁎
⁎ ⁎

Il paraît probable que les hauteurs de ces collines furent abandonnées par les tribus gauloises à l'approche des Légions Romaines.

Si les *Turones* (qui signifient « inondés », nom confirmé par les crues de la Loire), se soumirent, ils donnèrent à plusieurs reprises le signal de l'insurrection.

Le proconsul dut faire occuper, sur leur territoire, différents points stratégiques, afin de réduire les Turones à la dernière extrémité, et de les forcer à se livrer aux vainqueurs. Un mot avait retenti dans le monde romain : *Væ Victis !* malheur aux vaincus ! époque barbare et de temps aux cruautés !

Sur l'éperon dominant la vallée s'élève un antique bastion composé d'une tour carrée formée d'un massif plein avec « emplecton », en petit appareil, sans chaînes de briques, et se reliant à tout un ensemble de murailles épaisses, semblables et inclinées en terrasse, le tout constituant une enceinte fortifiée formidable, à une haute sentinelle chargée d'inspecter l'horizon. Ces murailles paraissent être en relation évidente avec un aqueduc, témoin debout de la prodigieuse activité romaine, et dont les restes gigantesques attestent qu'il franchissait le vallon. Quelques piliers existent à différents degrés de conservation, seuls les arcs en plein cintre sont formés de pierres et de briques groupées par deux ou par trois, d'où il ressort que ces deux œuvres ont été faites l'une pour l'autre. Leur vue intéresse et émeut tout à la fois.

L'emploi des chaînes de briques ne fut pas continu ; car, elles apparaissent le plus souvent dans la période la plus récente, et les remparts gallo-romains de Tours, comme les antiques murailles de Langeais, présentent en même temps des portions sans briques et des portions avec chaînes de briques ; elles sont construites pour braver les siècles, mais la main de l'homme ne vient-elle pas aider celle du temps !

Nul doute qu'au moment de la conquête, une villa

romaine dont la fortune territoriale ne ressemble guère à notre plus grand domaine ne s'y établit. C'était, en effet, d'après les historiens, une agglomération fort semblable à une de nos communes rurales, où un nombre considérable d'esclaves exerçaient tous les métiers nécessaires à l'entretien de ces centres agricoles. Tacite nomme ces domaines *Villorum infinita spatica*.

Nulle tradition ne saurait nous dire à quelle époque la culture des champs prit naissance ; aucun peuple ne peut nous apprendre l'origine du plus simple instrument aratoire. Mais, là où l'histoire se tait, la mythologie a fait entendre sa voix persuasive.

Une autre preuve de l'existence de ces villas gallo-romaines s'appuie sur des substructions de travaux fort importants et qui furent élevés par de hauts et puissants seigneurs, sur la rive droite de l'Indre, non loin de Beaulieu-les-Loches, au lieu dit *Contré*. On y remarque quatre piliers ruinés faisant partie d'un aqueduc, qui amenait les eaux de la fontaine d'*Orfons* à ces villas.

Si le respect de la propriété n'a jamais été poussé plus loin que dans la loi romaine, c'est le christianisme seul qui a pris sous sa protection la femme et l'enfant ; car, au moment où la grandeur romaine était à son apogée, le mari avait le droit de céder sa femme à un autre homme, comme il avait le droit de vie et de mort sur ses enfants, puisqu'il ne dépendait que de lui de les *élever* ou de ne *pas les élever*, et cela jusqu'au jour où le *monde chrétien* devait se substituer au *monde romain* qui avait succédé à la civilisation grecque.

Somme toute, les hordes barbares détruisirent ces villas, en sillonnant la France, marquant en traits de feu et en traces sanglantes leur passage à travers nos contrées. Ils suivirent de préférence les voies antiques, les grandes vallées, remontaient les rivières sur leurs canots à voiles et à rames, et accumulaient les ruines et la dévastation. Monstres d'impiété et de barbarie, aussi inaccessibles à la pitié que les glaces d'où ils étaient sortis, ils détruisirent toute civilisation.

Les nombreux fragments de vases et de terre cuite ont fait présumer que la ville des *Turons*, avant J. César, aurait été établie sur les hauteurs. Cette tradition s'est évanouie devant les récits historiques. L'inspection des lieux ne permet pas de supposer que ce fut un emplacement d'une ville considérable et Cesarodunum n'est mentionnée qu'au IIe siècle par le géographe Ptolémée. Que de villes du reste, qui prétendent devoir leur fondation à des héros ont disparu, nous en avons complètement perdu les traces. Elles ont vu leur prospérité déchoir par les guerres. Quelques substructions seules en révèlent l'existence, mais les historiens du temps, sans doute ils étaient rares, ont omis de nommer.

Rappelons que, dans toutes vieilles murailles qu'une tempête peut renverser, l'érudit comme l'artiste trouvera une page d'histoire.

Si le monde est menacé de quelque grande catastrophe, et s'il est vrai que le mal doive augmenter jusqu'à la fin, sûrement nous devons toucher au terme.

Les générations Franques, qui succédèrent aux Gaulois, étaient d'une bonne constitution physique, grâce à l'aisance du costume de la femme.

Le corset dont les jeunes filles romaines s'efforcèrent les premières, d'en justifier l'emploi afin de se rendre souple, *junceæ puellæ*, a fait de nos jours plus de victimes que certaines épidémies dans le cours des siècles. Le corset, tout en donnant une élégance recherchée dans le corps de la femme, apporte un empêchement à l'action d'engendrer. Les enfants disparaissent dans les classes riches, ayant pour contre-coup le déplacement des fortunes, alors que la femme des classe laborieuses engendre de nombreux enfants qui dévoreront un jour les classes supérieures.

Le fardeau de la maternité fait à la femme un rôle dont elle doit comprendre toute la portée dans le grand œuvre de la vie physique et psychique.

Si à une heure douloureuse, elle enfante un nouvel être, elle contemple l'instant d'après les ineffables clartés de la vie éternellement frémissante d'espérances.

AUX RUINES DE SEMBLANÇAY

Non loin de la station du chemin de fer de Saint-Antoine-du-Rocher qui a conservé le nom d'un pieux ermite du monastère de Saint-Julien à Tours, qui était venu en France comme disciple de saint Benoist au mont Cassin, vers le milieu du VIe siècle, on aperçoit la masse imposante des restes du château féodal de Semblançay.

Comme ces vieilles murailles craquelées sur leurs assises rocheuses, rompues en maints endroits, où seule la bise souffle l'hiver, où le soleil perce triomphalement l'été, évoquent de mystères et de souvenirs perdus malheureusement avec nos annales locales.

Ce château occupait une position très forte à son origine. Il paraît avoir été édifié sur l'emplacement primitif d'un donjon construit en bois, tel on construisait alors sur une simple motte de terre. Il releva de ce Foulques Nerra, comte d'Anjou, dont un des illustres descendants, Geoffroy Plantagenet devint la tige des rois d'Angleterre.

Plus tard, ce lieu fortifié s'agrandit sous les barons de Semblançay, dont les alliances furent dignes de l'extraction de leur race, ils le possédèrent en propre, relevant du château de Tours par foi et hommage lige.

Plusieurs rois séjournèrent en Touraine, comme

Charles VII, Henri II, y demeurèrent quelque temps, partageant leur vie de plaisirs et de fêtes entre les diverses résidences royales.

Cette forteresse, rétablie par J. de Semblançay, fut mise sous séquestre au xvi° siècle, ainsi que le château fortifié de la Carte, qu'il avait fait bâtir sur le territoire de la commune de Ballan. C'est là, qu'âgé de quatre-vingt-deux ans, ce Ministre élevé par sa connaissance des affaires et sa haute fortune à la dignité de surintendant, fut condamné sur une vague accusation de péculat. Après un certain temps, le roi fit restituer ses biens à la famille.

Quoi qu'il en soit, la nuit, dit-on, pendant les violents orages ou lorsque souffle un vent debout, on entend passer distinctement dans l'air tout un cortège fantastique.

Cette antique forteresse à la tournure massive et dont le type devient de plus en plus rare, ne domine plus que le silence, le calme, la tranquillité ; la tristesse y règne éperdument. Les bruits des travaux champêtres n'y réveillent plus d'échos; les habitants n'ont plus de confiance dans la puissante égide d'autrefois et ce donjon carré, démantelé, assiste mélancoliquement aux pérégrinations à grande vitesse des enfants du xx° siècle.

Combien d'hommes passent indifférents, jetant tout au plus un regard curieux sur ces vestiges que les destructeurs ont oubliés. Le touriste trouve encore un peu de fraîcheur sous de vieux arbres dont l'ombre pacifique habille ces vieux murs comme si la nature voulait adoucir l'aspect de cette morne solitude par des tendresses mystérieuses.

Du sein de ces hautes murailles où des hommes couverts d'armures étaient les maîtres de la contrée, on reconnaît la trace des diverses salles se superposant aux trous de boulins pratiqués à l'intérieur des murs; une minco colonne corinthienne dont le fût repose sur un piédestal, soutient une arcade ogivale servant d'appui jadis à un escalier intérieur pour desservir les étages supérieurs.

Une autre colonne identique et comme suspendue dans le vide, est attenante à une cheminée privée de son auvent.

Pendant un long espace de temps, les habitants y cherchèrent les pierres dont ils avaient besoin pour la construction de leurs habitations, s'appropriant ainsi une part des dépouilles de la vieille demeure seigneuriale où les volatiles ont remplacé les soldats du guet.

Vers la fin du règne de Louis XIV où l'Etat se trouva si profondément épuisé, on vit à nouveau les paysans labourer eux-mêmes, faute de bestiaux, la terre du fief de Semblançay, et les femmes rouler elles-mêmes les charrettes de foin et de blé.

Depuis, les ruines seules servent de décor au pays. Voilà bien l'image de la gloire humaine, elle n'a qu'un temps, et il suffit de quelques siècles pour effacer les traces.

Sur une levée qui avait été construite pour contenir les eaux du marais, où naguère les pêcheurs jetaient leurs filets et où, aujourd'hui, les bestiaux paissent, l'eau a laissé sa corrosion sur un pan de mur isolé. Jadis, les grandes masses d'eau comme les grands bois, donnaient de l'humidité dans le pays, les étangs desséchés, les hautes futaies défrichées répandent la sécheresse de la terre.

Sur cette levée s'élève une chapelle portant les caractères d'une certaine élégance. Ce fut un lieu de grande ferveur envers la Vierge Marie. Le fronton est orné d'une niche avec dais et pinacles ciselés, des animaux bizarres en leurs formes, décorent les chapiteaux des pilastres et vous regardent audacieusement, ces figures grotesques symbolisent évidemment les vices qui dégradent l'homme. Au-dessus de la porte, on voit encore quelques moulures encadrant une salamandre, emblème rappelant dans le silence, que Jacques de Beaune, baron de Semblançay, fut surintendant des finances, sous François Ier.

On sait que ce roi avait dans ses armes, une salamandre et que sa devise portait *Nustrico et extinguo*. La salamandre est appelée *sage* dans les proverbes, parce qu'elle a cette sagesse humaine propre à ceux qui veulent parvenir. *Elle prend avec les mains et elle se glisse dans le palais des rois* (prov. XXX. 28) selon l'usage des flatteurs, elle jouit des palais quand les rois n'y sont plus.

Les monuments ont les mêmes tribulations que les êtres qu'ils ont abrités. Un jour ces murs succomberont pour faire place à d'autres et nos petits enfants seront peut-être les derniers à voir ces pierres telles que les avait disposées un architecte d'autrefois.

On sait que Louis XII érigea les terres de Ballan et du château de la Carte en chatellenie, en faveur de J. de Beaune, seigneur de Semblançay. Ce fief donnait à ce seigneur le droit de se qualifier patron de la paroisse. C'est ainsi que, dans les verrières du chœur de l'église de Ballan, on remarque le portrait de ce haut personnage et de celui de sa femme, Jeanne Ruzé, qui reconstruisirent l'église dans les premières années du XVIe siècle. Il reste encore une grande partie du logis seigneurial de la Carte, comprenant les tours, barbacanes, machicoulis et fossés.

Dans le campanile on voit une cloche dont « le listel » porte l'inscription en lettres gothiques : *Ave Maria*, c'est bonne chanson, *gratia plena, dominus tecum,* MV^e XVIII (1518), au-dessous est un sceau (Sigillum) représentant *un chevalier armé de toutes pièces, gala-*

pant à droite, *avec une légende circulaire,* ainsi que le blason des « Barons de Semblançay » à *un chevron accompagné de trois besants.*

Ce même blason se voit toujours sur la belle pyramide en marbre blanc sculptée de divers écus, et ornant une fontaine publique sur l'une des places de la ville de Tours.

Enguerrand de Marigny, Xaintrailles, Semblançay, Fouquet, quelle leçon pour les manieurs de finances de tous les temps, les ambitieux sont-ils jamais satisfaits. Le ciel seul pourtant connaît leurs souffrances.

Mais laissons ces images et admirons la nature, qui toujours jeune, sait réparer les ruines du passé souvent coupable, avec l'or de ses moissons et le velours de ses verdures.

D'un banc stratifié de minerais ferrugineux assez répandus dans la région, sourd une eau ferrugineuse à laquelle on ne manque pas de se désaltérer ; cette eau va se joindre à la choisille près d'un étang desséché, mais dont les eaux jadis rendaient inaccessibles, les abords des murailles percées de fenêtres à plein cintre et de meurtrières, couronnant un roc central.

Dans les temps lointains ou tout était merveilleux, cette source était hantée par des fées bienfaisantes. Une feuille de chêne trempée dans son onde sacrée avait la propriété de rendre la santé. Les jeunes filles Franks, venaient y invoquer Woden ou Odin, leur dieu suprême, et y jetaient de pieuses offrandes consistant en menues monnaies. Cette vieille tradition ne s'est pas perdue complètement et de nos jours les belles filles qui désirent se marier sont convaincues, qu'elles arriveront à leurs désirs en faisant le tour de la source.

On sait que cette coutume matrimoniale, s'est conservée en maints endroits. Dans certaine localité, la vie pastorale demeure toujours comme l'ont chantée les poètes, les fontaines ont toujours été un objet de culte, d'espérance et de vénération, mais aujourd'hui ce culte comme d'autres pratiques a dégénéré parfois en superstition.

C'est ainsi, que dans leurs eaux renommées par la vertu qu'on leur attribuait de guérir des maladies, les jeunes filles viennent y jeter des épingles en formant un vœu pour l'amant qu'elles veulent épouser. Dans ce même ordre d'idée, il existe en certains pays, une superstition au sujet du travail de l'araignée, si elle tisse sa toile de bas en haut, c'est un présage heureux ; de haut en bas, il faut s'attendre à un malheur.

En ce lieu d'anciens fiefs, on respire l'air pur et vivifiant de la vraie campagne, les yeux sont réjouis par des échappées de vue.

Là-bas, la voie romaine se dirigeant de Tours vers Le Mans, passait sur le territoire au lieu dit le *Serrain* (Sartrinum), bourg considérable au moyen âge. Ce lieu possédait une église qui partageait avec Venise, ce privilège de posséder le chef de Saint-Athanase.

La côte du Serrain de 124 mètres, désigne la partie la plus élevée de cette contrée ; car, le point culminant du département est, sans contredit au-dessus du village de Céré ; sur la limite du département de Loir-et-Cher, où la côte est de 188 mètres. Ce sont deux points trigonométriques qui ont servi pour la triangulation de notre carte d'État-major.

Au lointain, les bois s'épaississent et le silence devient plus profond. Quelques oiseaux animent de leur gazouillis et de leur vol cette solitude. C'est là, dit la tradition, que sous les vertes ramées, les fées, ces nymphes de l'Époque de la pierre, venaient jouer au *palet* avec les énormes fragments de roche qui jalonnent le sol vers Pernay, reconnus récemment sous le nom de « murgers de la ronde ». Des amas de pierres analogues se retrouvent dans l'est de la France, en Bretagne, en Belgique et même en Algérie.

Non loin du bourg de Pernay, se dresse fièrement un vieux monument, qui frappe par sa physionomie antique et qu'on nomme la chapelle Saint-Julien, consacrée par saint Grégoire, au vi° siècle.

Elle est bâtie toute entière, sauf le pignon en petit appareil bien caractérisé avec d'étroites fenêtres comme des meurtrières ; elle se trouve transformée en un bâtiment où l'on serre les céréales. Sur les bords du ruisseau de la Garande, le soc de la charrue a heurté des cercueils en pierre, fermés de couvercles à une crête médiane. Ils étaient selon l'usage antique, en forme d'auge, plus larges à la tête qu'aux pieds, et renfermant plusieurs squelettes que la mort avait réunis. C'était, en effet, un usage dans les premiers siècles du Christianisme, de mettre plusieurs corps dans le même coffre, mode de sépulture qui s'éteint au xii° siècle.

Plus loin sont les abondantes frondaisons des futaies d'Ambillou, d'où le vent tire un accord monotone, plaintif, mais souverainement harmonieux. C'est dans ce lieu que la bienheureuse Jeanne de Maillé vécut saintement. Son hermitage d'où la poésie n'est point bannie, est devenu un lieu de pèlerinage. C'est un petit édifice sans prétention, noirci par le temps et dont les vieilles pierres sont éloquentes sous leurs rides et leur patine. Il se composait de deux pièces servant l'une de demeure et l'autre d'oratoire qui prit le nom de : *Notre-Dame-de la Planche de Vaux* : aujourd'hui on l'a surnommé Notre-Dame de l'Ermitière, en souvenir de la sainte.

Le jardinet, labeur assidu de l'ermite y entretenait l'agrément du site ; s'il a disparu, une source bienfaisante retient la dévotion comme au temps des aïeux. Parfois un chevreuil, le cou tendu, l'oreille frémissante vient y chercher un repos somnolent sous la rosée suspendue en gouttelettes étincelantes aux rayons du soleil levant.

On trouve ici, un charme mélancolique, au souvenir de cette illustre femme qui fut dans cette vallée, comme la céleste figure de la bienfaisance. Quels que soient les temps, il y aura toujours de grandes âmes désabusées du monde remplissant en silence l'œuvre de charité. « J'ai vu, j'ai entendu bien des choses et je sais suffisamment ».

Jeanne naquit le 14 avril 1332, au château des Roches, près Saint Quentin, sur l'Indrois. L'église paroissiale fut érigée sur le tombeau d'un jeune Romain, de Saint-Quentin (quintinus), mort martyr de la chasteté et qui a donné son nom à ce pays, mais qu'il ne faut pas confondre avec saint Quentin, apôtre du *Vermandois*, mis à mort par le gouverneur des Gaules, sous Dioclétien.

Jeanne mourut le 28 mars 1414, et fut inhumée, près du corps de son père, dans une chapelle de l'église des Cordeliers de Tours, sur l'emplacement de laquelle est construit actuellement le Théâtre municipal, Oh! ironie du Destin, sa tombe a disparu à tout jamais. L'église métropolitaine, possède un os d'un doigt annulaire, provenant d'une relique donnée par les R. Cordeliers en 1845, aux Carmélistes de Tours.

Deux ruisseaux la *Choisille* et la *Bresme* serpentent entre des rives capricieuses ou des maisonnettes clairsemées se cachent çà et là, à l'abri de taillis et de haies. L'étang du grand moulin est entouré de pâturages verdoyants occupés principalement par des troupeaux de gros bétail, dont les mugissements donnent au silence des lieux, une plaisante animation.

Pour la location des domestiques il existe une assemblée, remontant à une ancienneté déjà reculée. Jadis un notaire royal, modeste tabellion parcourait les grands marchés publics, en chevauchant sur une mule, afin de veiller au maintien de l'ordre et à l'exécution des lois. C'est à Louis XII que la ville de Tours dut la création de *notaires royaux* en *qualité* et *manière* de *ceux* des *Chatelets* de *Paris* et *d'Orléans*.

Aussitôt les marchés étaient-ils conclus que des *actes illico* étaient écrits en quelques mots portant le nom de *Brieves notes*.

Un maître ayant loué un serviteur par devant l'officier public, celui-ci écrivait séance tenante : « *Fait et passé sur la croupe de notre mule que nous reconnaissons docile et de bon caractère.* » Ces actes étaient ensuite mis *in-extenso* dans le minutier et s'appelaient ses *estendues*.

Cette scène moyenageuse a été maintes fois caricaturée en compagnie d'un bouffon.

AU MENHIR OU « PIERRE-LEVÉE »
DE CHATEAU-LA-VALLIÈRE.

Sur le territoire de la commune de Château-la-Vallière, dont la terre fut érigée par Louis XIV, en duché-pairie, relevant du Louvre, en faveur de Louise-Françoise de la Beaume-le-Blanc, on remarque parmi les monuments préhistoriques dont est si riche notre région de Touraine, une de ces manifestations religieuses mégalithiques des peuples antiques, qui, affectent la forme d'une borne au ton de bronze mat et d'une taille gigantesque. Les surfaces de ce monolithe présentent des couches striées, ciselées, creusées, dues aux intempéries des saisons.

Pour parvenir à cette *Pierre-Levée* il suffit de prolonger sa promenade vers *Vaujours* (vallis Gandii) ancien fief et lieu de résidence des seigneurs de cette baronnie. Ce serait une contrée peu favorisée que les *landes* de *Souvigné* et *de Bréviende*, sans le château du *Vivier* qui y jette la vie et l'aisance ; c'est un mélange de la nature sauvage et de la nature cultivée sur lesquelles les oiseaux de proie planent au haut des airs ; là, où tout était riant, tout est triste, là où tout devait être vie, tout est silence ; on se croirait au bout du monde.

Il est évident que les blocs de pierre, représentent

une longue suite de siècles du culte des Druides, le fait de la maternité seul était le pivot de la famille, qui fut antérieure à la Société.

Une série de peuples furent successivement les maîtres, par droit de conquête et eurent des stations compactes dans nos pays d'émigration. Aussi ces monuments sont-ils les premiers témoins de l'âge de la pierre éclatée, à laquelle succéda la période néolithique ou de la pierre polie. Au bruit des pas des voyageurs, les générations éteintes, se réveillent de leur poussière, et les anneaux de la chaîne des siècles deviennent autant de chapitres de l'histoire.

A défaut d'un sentiment artistique développé comme nous le comprenons, nos barbares ancêtres descendants des peuplades Normandes des régions ignorées firent grand, fort et durable ; c'est là, une preuve irréfutable de leurs architectes qui savaient disposer leurs monuments de pierre, dans telle situation et pour d'infimes raisons qu'il serait trop long d'énumérer.

Il n'est pas douteux qu'ils n'aient eu dans des élans suprêmes, recours aux forces accumulées des guerriers de leurs tribus, pour établir et dresser leurs blocs de roc, au moyen de plans inclinés et pour une durée éternelle ; car, les Druides enseignaient le dogme de la vie future avec le culte de Teutatès.

Les proportions excessives des ossements que l'on retrouve dans leurs tumulis, attestent le caractère gigantesque de cette ancienne race et par conséquent de la puissance de son énergie et de ses efforts.

Les croyances religieuses n'ont pas à tel point disparu avec les divers idiomes primitifs de nos contrées, qu'elles n'aient pu traverser les siècles à l'aide des légendes du foyer.

Or, ces premiers occupants apportèrent avec eux les mythes nés au berceau de leur race, plus tard ces traits trouvèrent une protection dans la superstition populaire que les raconteurs d'aventures défigurèrent malheureusement par leur ignorance.

Sur les côtes de l'Asie-Mineure, Vénus était adorée sous la forme d'un boc de pierre conique. Une pierre était invoquée dans le temple d'Apollon à *Delphes*. L'idole de la pagode de *Djagernant* est une pierre noire et pyramidale comme l'idole des Siamois de *Sammonacodom*. Au capitole Jupiter était représenté tenant en main un silex symbolisant la foudre (Lapis capitolinus). La célèbre pierre de la Kaaba à la Mecque, que les Musulmans croient avoir été apportée du ciel par l'Archange Gabriel et dont tout bon pèlerin doit faire sept fois le tour, celle de la place d'Abraham qui est près de là, celle de la mosquée d'Omar à Jérusalem, sont en grande vénération parmi les disciples de Mahomet.

Si nous remontons aux temps des royaumes d'Israël, nous voyons aux livres de *Samuel* quelques monuments de pierre en grande vénération. C'est le grand *Abel*, pierre sur laquelle l'arche fut déposée par les mains des Philistins. C'est encore la pierre *Ebeneser* (pierre du secours) élevée en souvenir de la victoire des Israélites sur les Philistins au temps de la judicature de Samuel.

L'Empereur Claude poursuivit le druidisme en Gaule et dans la Grande-Bretagne. Plus tard Childebert, roi de Paris, Chilpéric, roi de Neustrie, ordonnèrent de détruire les pierres qui couvraient les champs de la Gaule. Saint Grégoire dans un concile tenu à Tours y défendit le culte des pierres druidiques de là, la rareté des monuments du paganisme en certaines contrées.

Quoi qu'il en soit, les monuments mégalithiques sont partout dans l'Univers. Pallas en a vu sur les bords de l'Oural, Spartmann chez les Cafres, Barout chez les Hottentots, Jefferson en Virginie, Wormins a décrit ceux du Danemark, et Rudbeck a donné une idée de ceux qui existent en Suède.

La sorcellerie avait des racines profondes dans les mœurs des Gaulois, on ne parvint à l'extirper que par le fer et le feu après plusieurs siècles de vains efforts.

On sait que les Gaulois exposaient sur les fleuves leurs enfants nouveau-nés placés sur un bouclier, ceux qui étaient légitimes surnageaient, les autres périssaient dans les eaux. Lorsqu'ils soupçonnaient la fidélité de leurs femmes, ils exposaient encore leurs nouveau-nés aux serpents; s'ils étaient le fruit de l'adultère, ils périssaient, si au contraire, ils étaient légitimes ils se trouvaient préservés par la vertu qu'ils avaient reçue avec la vie.

Tous les codes des peuples Barbares, la loi Ripuaire, la loi Salique, la loi des Burgondes et celle des Allemands, renfermaient une pénalité contre les sorciers.

Le démon n'est pas un mythe; car, partout nous voyons mis en opposition l'esprit de vérité et l'esprit de mensonge, et tous les peuples y ont cru. Malgré les peines sévères prononcées contre les superstitions, les peuples s'y adonnèrent avec frénésie. On consultait les devins, ceux qui prédisaient l'avenir et consultaient les morts. L'art dont je parle ici, est cet art funeste appelé *Magie*, *Nécromancie*, d'où découlent les obsessions, artifices et prestiges du démon. Ainsi tous les oracles des morts, toutes les apparitions ne sont que les artifices de l'esprit de mensonge pour séduire et attirer à lui ceux qui sont assez imprudents pour les consulter. Les âmes des morts n'entrent pour rien dans ces superstitions sacrilèges, tout se passe à leur insu et sans leur participation.

Aujourd'hui on se met en communication avec les êtres surnaturels avec la plus grande facilité du monde; ils se rendent accessibles même aux femmes et aux enfants ; l'esprit malin consent à se dépouiller de ses cornes, hante les salons, parle toutes les langues et donne des réponses piquantes. Le spiritisme perd les catholiques et il donne à l'esprit une certaine satisfaction en bouleversant les sens, il ouvre aux passions toutes les barrières.

Les premiers chrétiens gardèrent, eux aussi, un respect superstitieux pour les monuments mégalithiques, ce qui tendrait à confirmer l'opinion que des tables de pierre furent consacrées à un culte religieux. Destinés à des sacrifices, les autels celtiques devinrent même des sanctuaires, d'où la prière s'élevait sous la voûte du ciel ; car, la terre ne saurait exister sans sacrifices.

Aux Indes, on est parvenu à détruire la cruelle superstition qui obligeait les femmes à se brûler sur le bûcher de leurs maris. On élevait un bûcher sous la forme d'une pyramide, et lorsque la flamme commençait à s'élever, on jetait dans le brasier des colombes consacrées, ainsi que des fruits et toutes sortes d'animaux, de tous les oiseaux les colombes étaient les plus saints, elles rendaient des oracles à Thèbes en Egypte.

Si la religion catholique a affranchie la femme, relevée et purifiée par le culte de la Vierge Marie notre régénératrice, le paganisme a encore laissé subsister quelques traces de certains usages, comme la séparation des deux sexes, dans les cérémonies des funérailles, coutume juive qui continue à tout exercice religieux. Dans les synagogues, les femmes sont séparées des hommes.

L'idée de l'immortalité de l'âme que l'on retrouve en rudiment dans les aspirations des races primitives connues, s'est transformée et épurée par les civilisations.

La métempsychose que l'on considérait comme un châtiment par la transmigration forcée de l'âme dans un être organisé et doué de sensibilité en dehors de l'humanité fut une peine infligée à celui dont la vie souillée demandait une expiation.

C'est ainsi que la mythologie nous montre Diane courroucée, métamorphosant en cerf, le chasseur Actéon, qui avait regardé trop indiscrètement la chaste déesse au moment où, en compagnie de ses nymphes elle se livrait au plaisir du bain.

La doctrine catholique fut troublée au ixe siècle par la doctrine métempsychosiste de Scot Érigène, au xiie siècle par le panthéisme d'Averroès, et au xvie siècle par l'athéisme et quelques tenants de la Renaissance.

Après le matérialisme du xviiie siècle, quelques esprits s'attachèrent à un spiritualisme vague. C'est encore la métempsychose dont les principaux adeptes furent Fourier, fondateur de l'école phalanstérienne et Jean Raynaud ; quelques autres aux cœurs aveuglés y ont ajouté les rêveries du spiritisme.

La seule différence notable entre la métempsychose ancienne et la moderne, est que celle-ci a écarté l'hypothèse grossière d'après laquelle les âmes humaines passeraient dans le corps d'animaux. Espérons qu'au xxe siècle l'idéal chrétien de l'immortalité de l'âme brillera comme d'une lumière pleine d'amour, après les ténèbres de ces nuits qui voient les préjugés des sorciers, du mauvais sort, des tireuses de cartes, des somnambules, des médiums.

Mais je suis bien loin des pierres levées, et ma digression m'a entraîné peut-être plus loin qu'il ne convenait, je reviens donc à mon sujet :

Aussi les légendes se sont-elles attachées à donner une explication des pierres levées. Les fées, se plaisaient, dit-on, à piquer en terre leurs fuseaux qu'elles formaient avec des pierres errantes ; elles abandonnèrent ces pierres pour avoir outragé Jésus-Christ, lors de sa Passion, de là, leur appellation latine : *petra fixa*, une tradition superstitieuse trouve encore crédit au sujet de ces mêmes pierres qui tournent à minuit pendant la nuit de Noël. Un souvenir mythologique me revient ; car, le moyen âge est plein de reminiscences de l'histoire fabuleuse des dieux. Jadis, les trois Furies (*Tsiphone, Alecto* et *Mégère*) s'y seraient données rendez-vous avec les divinités infernales chargées de tourmenter les âmes des criminels.

Ces furies sortaient des profondeurs de la forêt par la vallée des dames, et disparaissaient par le val joyeux toujours en se tenant par la main, imitant en cela les séduisantes compagnes de Vénus, les trois grâces *Aglaé, Thalie,* et *Euphrosyne.*

C'est sans doute ce souvenir qu'évoquerait le Menhir de Vaujours. Ce monument celtique qui est placé à l'entrée des deux vallées appelées l'une, « vallée des dames », l'autre « val joyeuse ».

Les jeunes Gauloises tenaient les *pierres levées* en grande vénération, elles leur conféraient une telle puissance de persuasion qu'elles leur apportaient et leur confiaient leurs supplications quand les mystérieux appels de leur cœur, les conviaient à s'enquérir d'un époux et une inviolable fidélité ; bien mélancoliques réflexions, bien tendres et douloureux soupirs !

Si les dolmens sont une page d'histoire qu'un peuple antique a laissée écrite sur la surface de toute l'Europe, leurs mystères connus que des prêtres druidiques n'ont été confiés à personne.

Mais qu'entends-je ?

Écoutez cette mélopée qui tinte comme un glas. Aux chants des hymnes des héros, le *Vergobret* jette son cri de guerre. Un peuple guerrier s'avance d'au delà des Alpes et les Légions de César victorieuses, foulent les Gaules à leur merci. — Le druidisme agonise et meurt. Et il ne restera bientôt plus du Gaulois que le nom de Français.

Comme les monuments druidiques, les *Monticules de terre* élevés dans une plaine remontent à une haute antiquité. On en voit un grand nombre dans le centre de l'Europe où s'établirent tour à tour les Goths, les Huns, les Avares vaincus par Charlemagne, les Madgyares d'origine finnoise. Ce sont des tertres considérables qui tenaient lieu de tours dans un pays où il n'y a pas de pierres pour en construire, et sur lesquels on plaçait les Étendards, et des sentinelles; ils servaient aussi de limites.

On les appelle *tépéh* en Hongrie.

J'ai rencontré encore de ces tertres semblables à des tumulis dans la Cœleri-Syrie et dans plusieurs endroits de la Palestine. Ils paraissent remonter aux premiers âges du monde, du reste l'historien Florus qui nous dépeint la marche de l'armée de Pompée vers Jérusalem, nous dit que deux courriers, lui ayant apporté des dépêches sur la mort de Mithridate, il en fit donner lecture à l'armée, du haut d'un tertre, formé à la hâte avec des mottes de terre et des bâts pris aux bêtes de somme.

Il semblerait que l'image de ces tertres se soit perpétué sur divers points de la France. C'est ainsi que les deux monticules connus sous le nom de *Danges de Sublaines* et qui émergent sur notre territoire entre les vallées du Cher et de l'Indre, auraient été élevés par Clovis et Alaric, afin de marquer les limites de leurs États, comme les Pyramides connues sous le nom de Port-de-Piles (Portus de Pilis), sur la Creuse, indiqueraient les limites du royaume d'Aquitaine avant que ses limites ne s'étendissent jusqu'au fleuve de la Loire.

Avant de quitter Château-la-Vallière, jetons un coup d'œil sur l'étang de Valjoyeux, qui donna, en 1793, son nom à la commune, alors que les magistrats municipaux transformaient les noms des lieux, et changeaient les *us et coutume*, pour établir leurs nouvelles lois de la Société.

Non loin, se voyaient des forges alimentées par un minerai provenant des environs, elles cessèrent de fonctionner vers 1843.

Ce lac dont l'eau est d'une pureté et d'une fraîcheur excessives, est un rêve pour les pêcheurs, des carpes prodigieuses ainsi que des brochets fantastiques, hantent, dit-on, les profondeurs de la nappe bleue.

Les rives qui sont une fête des yeux par le dessin de la couleur, seraient peut-être un peu solitaires, sans les nombreux troupeaux qui viennent le jour s'y abreuver, aux cris des bergers, ou de la chanson des jeunes laitières, alors que dans le silence de la nuit, seuls les grillons font entendre leur bruissement strident et monotone.

Des maisons isolées, jetées, çà et là, autour d'immenses prairies, étalant leurs robes de satin vert, forment des points de vue que les touristes, amoureux du pittoresque, chercheraient en vain ailleurs, rappelant un peu les vallons de la Suisse, seulement, les coteaux chargés de vignes et d'arbres fruitiers, remplacent avantageusement pour nous, les montagnes et les neiges sans fin, qu'il faut conquérir au prix de tant de fatigues et de tant de dangers.

Parmi les jolis coins de la Touraine, celui-ci forme une excursion de paix harmonieuse et sereine qui est le triomphe du calme de la nature. A Vaujours, peut vraiment s'adapter ce vers de Lamartine :

« Ici viennent mourir tous les vains bruits du monde ».

VUE PANORAMIQUE
DE CHATEAURENAULT.

Des anciennes fortifications du xii° siècle, édifiées par Thibault de Champagne, comte de Blois, sur l'emplacement d'une forteresse primitive, bâtie par un seigneur Renault, il ne reste sur pied qu'un donjon isolé, près duquel on accède facilement par un labyrinthe formé de mains d'hommes.

C'est une vieille tour émergeant comme un phare, et destiné à éclairer la succession des âges. On l'aperçoit de quelque lieu que l'on se trouve. Le donjon était le besoin d'une époque de violence et de force ; les seigneurs ne s'y renfermaient pas pour leur plaisir ; c'était une nécessité de s'armer contre ses voisins, alors que de nos jours, la villa avec sa légèreté et sa coquetterie, convient au siècle ou règnent le droit et..... l'instabilité.

Les oiseaux au vol puissant y tournoient dans les airs, au-dessus de sa cime découronnée d'où, jadis, des volées de flèches s'abattaient comme une nuée de grêlons, puis ces mêmes oiseaux se dispersent ensuite au loin, comme emportés par un coup de vent.

Du côté de la plaine, cette tour antique qui fait songer au temps de la dynastie Capétienne, était protégée par un mur de défense dont on ne trouve plus de vestiges. Les forêts de *Gastines* et de *Blimars* se rejoignaient, leurs cimes gigantesques qui semblaient supporter la calotte des cieux n'existent plus.

La légende, muse aussi loquace que poétique, raconte qu'au clair de lune, c'est-à-dire, depuis l'heure des chauves-souris jusqu'au chant du coq, des matous enveloppés de lueurs phosphorescentes, semblent garder l'antre d'un souterrain qui se referme dès qu'ils disparaissent avec l'aurore.

Plus tard, un manoir fut construit sur la terrasse bordée d'une corniche rocheuse, dominant la vallée de la *Brenne* (1). Il donna le nom de Montbraine, à la ville en 1793. Il eut été difficile de choisir un meilleur site pour une telle habitation.

Le vieux manoir y dressait ses tours comme pour en inspirer le respect. Les tours et tourelles n'étaient-elles pas les apanages de la noblesse? On disait : « Ce gentilhomme a une tour », en indiquant sa dignité, et comme chaque chevalier portait l'épée au côté, au côté de chaque demeure féodale était une tourelle qui était sa garde.

Les comtes de la féodalité, hauts et puissants seigneurs, savaient faire respecter leur domination par leurs serfs et leurs vassaux, et souvent même la rendaient redoutable à leur suzerain. Les vertus guerrières ont toujours été l'apanage et la gloire de la France, jadis théocratique et militaire, elle est à notre époque, politique et industrielle.

Ce domaine avant d'être érigé par Louis XIII, en marquisat relevant du Louvre, fut une chatellenie importante ayant droit de haute, moyenne et basse justice.

Vu sa position au centre de débouchés vers Vendôme, Blois et Tours, les rois de France en nommaient les Capitaines-Gouverneurs.

Louis XII grand chasseur, fit peupler la forêt des pre-

____

(1) Brenn, nom gaulois qui signifie chef.

miers faisans parus en Touraine, et leurs cris perçants répondaient aux roucoulements des plaintives tourterelles.

Bientôt le manoir se changea en une riante et fraîche habitation ou respira le luxe, l'élégance, la sécurité. Malheureusement les constructions destinées à l'habitation furent incendiées en 1906. On y reconnaissait des caractères du xve au xviiie siècle. Une porte monumentale moyenageuse seule en rappelle actuellement le souvenir. Des fouilles ont fait surgir du sol les fondations de chais ou étaient conservés les vins servis à la table des seigneurs. Jadis, en effet, comme à la table des rois de France, on ne leur servait d'autre vin que celui recueilli sur leurs propres vignes et elles étaient fort justement appréciées.

En cette solitude, le voyageur aime à reconstituer l'antique manoir; son imagination lui en retrace la vigoureuse silhouette, et pour un peu il verrait sans étonnement venir à lui le cortège des anciens preux aux armures étincelantes, les seigneurs sur leur palefroi, et les chatelaines sur leur haquenée.

Ici, cheminait une dame élégante, dont un écuyer frayait le passage, tandis qu'un page à la toque à plumes, retroussait la traîne de sa robe de damas ou de draps de soie broché d'or; là, des groupes de gentilshommes damerets ou courtisans, vêtus de manteaux courts, de larges hauts de chausses et de pourpoints à grand collet, prenaient conseil ou délibéraient sur tous les événements.

Naguère on prétendait voir passer à travers les vitraux des ombres blanches qui riaient ou pleuraient tour à tour, apparitions fantastiques que l'esprit populaire mêlait aux récits merveilleux.

Le temps en s'écoulant a modifié nos mœurs comme il a fait de nos caractères personnels. La science nous emporte dans nos découvertes de chaque jour et matérialise les faits et même les illusions.

Voici une légende qu'en réalité les partisans du spiritisme trouveront bonne à leur cause ; car, il circule parfois des légendes qui tout obscures qu'elles puissent être, remontent cependant à des faits réels transformés par l'amour du merveilleux, impérieux besoin de l'homme attristé et opprimé par la dure nécessité du monde matériel.

Oyez, la mirifique aventure : un soir d'hiver, que la veillée s'était prolongée, comme en un essaim d'abeilles bourdonnant, et par suite de l'entraînement de la conversation, des jeux ou d'autres divertissements, une jeune femme plus délurée que ses compagnes et incorporant les idées les plus folles, fut condamnée à appeler « l'homme de feu » à venir l'embrasser. Lorsque le cœur est préparé pour le mal, il est rare que l'occasion se fasse attendre, tant les inconséquences sont grandes dans le livre de la vie.

Et se faisant un jeu de cet appel scabreux en saisissant surtout ce qu'il pouvait y avoir de comique dans la situation, elle se met avec un malin plaisir à crier avec une mâle familiarité « homme de feu », joli garçon vient m'embrasser.

Soudain, sur une crise de fou rire qui tient l'assemblée en délire, souffle une terreur subite, un coup imprévu résonne à la porte et avertit de se tenir sur ses gardes, choc qui ne peut provenir que d'un esprit malfaisant, chargé de poursuivre sur la terre les vengeances infernales.

Et bientôt les acteurs de cette scène nocturne perçoivent le bruit d'un baiser, qui laissa une empreinte charbonneuse sur le col découvert de la jeune femme. Celle-ci prise à l'instant même d'un accès de folie, alla se jeter dans le ruisseau de la *Brenne*, où les eaux l'engloutirent.

Et depuis ce temps-là, à certaines heures mystérieuses, on aperçoit une blanche forme humaine se balançant au-dessus des roseaux et des ajoncs, en même temps que l'on entend en un ton plaintif, le chant d'un coq sortir des profondeurs du lit du courant d'eau que le moindre souffle vient rider à la surface.

Les joies et la souffrance, le triomphe et la désolation se succèdent comme la nuit et le jour. N'est-ce pas là l'éternel mystère de la vie ?

CHINON ET SON ANCIENNE SPLENDEUR

Chinon est une de ces villes anciennes qui ressemblent à tant d'autres localités qui tiennent une place considérable dans notre histoire, mais qui a cependant un cachet particulier et un pittoresque saisissant, avec ses vieilles grappes de maisons en pierre et en bois, aux étages surplombant où à tourelles en encorbellement. Quelques-unes de ces bizarres constructions semblent ne tenir debout que par un merveilleux équilibre. Les rues n'y sont point droites comme il convient à une vieille ville, certaines façades qui les bordent avec leurs jolis pignons, les sculptures qui les décorent, leur donnent un aspect à la fois vénérable et coquet. Elles ressemblent à ces vieillards élégants et proprets, qui, même aux extrémités de la vie s'efforcent à plaire.

Les habitations modernes des nouveaux quartiers ont changé de forme, de sorte qu'un style d'architecture peut être considéré comme la résultante des besoins, des mœurs, des tendances d'une époque.

Dans ses hautes murailles, couronnant le sommet du plateau, dans ses ruines se découpant nettement sur le ciel imprégné d'un rayonnement d'or fluide, dans ses remparts craquelés sur leur éperon de rocher qui révèlent une ancienne place forte moyenageuse, des souvenirs historiques se pressent multiples et grandioses;

aussi cherche-t-on maintenant à préserver ces ruines de la destruction finale.

Un peuple vit de son histoire, comme une famille vit par ses ancêtres.

La noblesse de l'origine de Chinon (Caïno) remonte aux Wisigoths qui habitèrent les cités entre la Loire et les Pyrénées dans les Gaules.

Sous les Carlovingiens, Chinon eût le privilège de battre monnaie sur laquelle on lisait : *Caïno Castrum.*

La Touraine fut de tout temps le théâtre de violents combats qui semblent vérifier cet adage : *Homo homini infensus nascitur* : l'homme naît l'ennemi de l'homme. Et Chinon eût à subir de terribles assauts. C'est ainsi qu'en 463, la forteresse occupée par les Wisigoths fut attaquée par les Romains, conduits par Egidius Afranus, gouverneur de la Gaule, pour Livius Severus, ce fut une lutte pleine d'émotion.

Ce général mit en usage les ressources du Capitaine le plus expérimenté, il fit creuser une excavation par laquelle il attira l'eau de l'unique puits que possédaient les assiégés ; ceux-ci se virent bientôt en proie aux horreurs de la soif, lorsqu'à la prière d'un pieux et charitable ermite, Saint-Mexme (Maximus), renfermé lui aussi dans la place forte, on vit tomber une pluie torrentielle sur la ville. Cette grâce du ciel ranima les soldats qui forcèrent les Romains à lever le siège. Leur chef but dans un crâne humain, à la gloire de ses troupes et les Wisigoths gardèrent Chinon comme étant la clef de leur possession d'Aquitaine.

Néanmoins les événements se précipitent, Clovis remporte la victoire de Soissons sur Syagrius, qu'il condamne à la peine capitale. Cette victoire le rend maître de Lutèce, la cité des Parisii. Il vainc les Allemands à Tolbiac et se fait conférer le baptême à *Reims*, le 25 décembre 496.

L'église de Reims était alors la métropole de l'église de Lutèce, et l'archevêque Remy, légat apostolique des Gaules. A Vouillé, le roi Frank tue de sa propre main Alaric, roi des Wisigoths. Cette victoire met fin au royaume de Toulouse ou des Wisigoths dans la Gaule. C'est sur un sol purgé d'envahissements, que Clovis assoit la royauté. C'est une tradition qu'à la suite de ces succès, Clovis aurait envoyé au Souverain Pontife, une couronne d'or qui serait la première des trois couronnes qui ceignent la tiare. Dans une toile au musée de Versailles, Robert Fleury a immortalisé le souvenir de l'entrée à Tours de Clovis, illuminé par le génie et la foi !

L'histoire de saint Mexme n'est pas à faire en ce cadre, disciple de saint Martin et devenu abbé du monastère de l'Ile-Barbe, près Lyon, il vint mourir à Chinon et y fut inhumé. Saint Jean-le-Reclus et sainte Radegonde y vinrent le visiter.

Parmi les ornements sacerdotaux à Chinon, est une étoffe en soie sur un fond bleu cendré, sans envers, où des animaux affrontés de diverses couleurs se superposent à l'infini. La traduction de la légende, empreinte sur cette étoffe en caractères arabes, serait ! « Bonheur à son possesseur ». Cette étoffe en soie est connue sous le nom de « Chape de saint Mesme », mais dut être déposée sur son tombeau par un chevalier-croisé. C'est ainsi, du reste, que le surtout en soie, qui recouvrait le tombeau de saint Martin, devint la « Chape de saint Martin ».

Quant à l'antique église Saint-Mesme, dont il ne reste plus que les murs de la nef en petit appareil régulier, elle est devenue une école publique. Mais l'église fut le prélude des monuments religieux de saint Martin, de Beaulieu, près Loches, de Preuilly.

Sur le coteau qui domine la ville, s'élevait autrefois

un monastère fondé par un saint religieux, portant le nom de *Lupantius* ou *Louans*. On découvrit dans le cours du xixe siècle, les sarcophages de saint Louans, saint Coremer, saint Salique et sainte Lachie, qui avaient été cachés au xvie siècle, pour les soustraire aux profanations. Ils ont été déposés dans le caveau d'une chapelle moderne. Saint Louans fut moine de Micy, à proximité d'Orléans; sa mémoire est redevenue florissante dans la contrée.

Chinon fut tantôt Comté ou ville royale, selon la bonne ou la mauvaise fortune. Le spectacle des pompes guerrières d'où se dégageaient de chevaleresques folies était rehaussé par la présence du roi, entouré par un brillant cortège de dames, de gentilshommes, répandant de l'éclat et de la confiance.

Après avoir appartenu à la couronne pendant trois siècles environ, ce domaine tomba au pouvoir de la maison de Blois, puis à celle des comtes d'Anjou.

La guerre déchaînée par suite d'un partage inégal entre Foulques-le-Réchin (le querelleur) et son frère aîné, est un épisode fréquent sous la féodalité, Geoffroy-le-Barbu y fut fait prisonnier, et fut enfermé durant 28 ans à la forteresse de Chinon.

Au XIIe siècle, Henri II, d'Angleterre, arrière-petit-fils de Guillaume le Conquérant, s'étant emparé de la ville, l'embellit et jeta sur la Vienne un pont auquel il donna le nom de l'Annonain. Henri y mourut le 6 Juillet 1189 et inhumé dans l'église abbatiale de Fontevrault où l'on conserve les statues de Henri II et d'Isabelle d'Angoulême; de Richard Cœur de Lyon et d'Eléonore de Guyenne, restes des Mausolées qui leur furent élevés au Cimetière des rois.

Si la dynastie des rois d'Angleterre fut d'origine française, il est bon de se souvenir qu'un rapprochement Franco-Russe s'était établi un siècle plus tôt, par suite

du mariage de Henri Ier avec la princesse Anne, fille
du grand duc Yaroslaw-le-Sage, fils de saint Wladimir.
Anne fut Régenté de France sous la minorité de son fils
Philippe. De cette petite-fille de saint Wladimir, nous
dit un historien russe, Bogdanovitch, sont descendus
trente générations de rois français.

Philippe-Auguste ayant emporté d'assaut la place de
Chinon, annexa définitivement la province à la couronne.

. Au commencement du xive siècle, la forteresse reçut
quatre prisonniers, hauts dignitaires de l'ordre du
Temple, dans le dessein inavouable était de s'emparer des
richesses de l'ordre. J. de Molay, grand-maître, Hugues
de Peraldo, visiteur de France, Godefroy de Gonaville,
commandant d'Aquitaine et Guy d'Auvergne, commandeur de Normandie ; ils ne quittèrent leur prison que
pour être brûlés vifs sur l'emplacement du terre-plein
du Pont-Neuf à Paris.

On sait que Jacques Molay, du haut de son bûcher,
appela le Pape Clément V et le roi Philippe-le-Bel à
comparaître devant le tribunal de Dieu, l'un dans quarante jours, l'autre avant un an. C'est un fait acquis à
l'histoire.

En 1321, l'île située en amont du pont de l'Annonain,
fut le tombeau de scélérats accusés d'avoir infecté de
poison les puits. Leur infernal complot ourdi dans
l'ombre, transpira néanmoins au dehors, et depuis, à
chaque arrière-saison, les arbres comme engourdis, étendent autour d'eux leurs branches veuves de leurs feuilles qui jonchent la terre, formant un suaire lugubre
sous la garde des eaux qui entourent l'île ; les oiseaux
se taisent mais la légende murmure tout bas de sinistres
secrets.

Le juif destructeur de la Patrie des autres, mérite tous
les mépris, tandis que les juifs honorables qui aspirent

à se reconstituer une patrie sont dignes de toute estime. Malheureusement, tant qu'il y aura quelqu'un pour payer une trahison, il y aura des traîtres, et cela chez tous les peuples et dans toutes les confessions.

Assurément, la race juive est un peuple étrange dont on rencontre des lambeaux dans tout l'Univers. Un sceau a été mis sur lui, sceau qui ne sera brisé qu'à la fin des temps. Les juifs éclairés forment une synagogue dite « panthéiste », et leur politique ne peut être que celle du roseau pliant sous le vent qui souffle le plus fort pour se relever quand l'orage a passé.

Si de la synagogue est née l'église catholique, le juif erre toujours dans la lumière. Actuellement, le culte Israélite en Touraine est organisé suivant la loi du 9 décembre 1905, et la synagogue a été inaugurée à Tours, le 28 juin 1908 (20 Siwan 5668). La grille d'entrée est surmontée d'un signe en forme d'étoile, appelé « pantalpha », signe que l'on retrouve à l'intérieur du temple et représentant la Trinité, dont l'expression est jé, le feu $\triangle$; ho, l'eau ∇ ; vah, l'air ou l'esprit dans les deux triangles superposés $\hexagram$

L'alliance des *fils de la Veuve* avec la *synagogue* et les *disciples de Calvin*, forme une triplice sous trois noms différents, qui soutiennent avec une ardeur égale les idées modernistes qui désorganisent nos rouages nationaux.

Les hommes des sociétés *secrètes* qui s'étendent sur la France comme une toile d'araignée, ont inventé des signes mystérieux pour se reconnaître ; eh bien, mais, et nous aussi, Catholiques ! nous avons notre signe, mais c'est le signe de la Rédemption du monde, qui établit de si profondes sympathies entre tous les catholiques de l'Univers. Un tel signe est un symbole que l'on abandonne, il est vrai, qu'en adjurant sa foi, mais qui rentre dans le mystère de la liberté humaine.

Malheur à ceux qui désapprennent le signe de la Croix! notre époque hélas! a tant de ressemblance avec les temps marqués dans l'histoire du monde, que les grands châtiments de Dieu sont rendus nécessaires pour refaire une société qui s'abîme dans la corruption et les dérèglements. Le Christ échappera toujours aux menées des hommes, quoi qu'ils fassent, et les hommes qui gouvernent les peuples devraient tous en être bien pénétrés. Un peuple est libre quand son âme est respectée.

La guerre de Cent ans a laissé des traces d'un camp anglais en la forêt de Chinon, au lieu dit, le fort des anglais, où l'on remarque un remuement de terre ayant eu pour objet de mettre à couvert des troupes.

La Province de Touraine a gardé un affreux souvenir du séjour des Anglais; car, elle fut cruellement éprouvée. En lisant l'histoire de cette époque qui clôt le moyen âge, il nous semble entendre les gémissements de nos ancêtres, succombant sous le joug étranger ; ces gémissements furent entendus, un sauveur survint.

L'histoire, ferment de l'esprit de justice, a ses lieux privilégiés où le Très-Haut glorifie les humbles.

Comme sainte Catherine de Sienne, qui ramena le Pape dans Rome et fut surnommée la Jeanne d'Arc de la Papauté et de l'Italie, la ville de Chinon conserve quelque chose de l'immortalité radieuse de la Jeanne d'Arc française, semant sur le sol de la France des traces ineffaçables de son passage, en *boutant jusqu'au dernier anglais*. L'écho comme une grande voix de la Providence répète toujours les nobles paroles qu'elle adressa au roi Charles VII comme une preuve péremptoire du but de sa mission divine: « Dieu sauvera la France ». C'est pour elle que Jeanne a vécu et c'est pour elle qu'elle est morte.

A l'exemple de Débora chez les Hébreux, Jeanne en France, fit voir qu'une femme peut devenir un grand

Général d'armée, notre siècle même n'a-t-il pas eu des femmes-soldats ! Prêtons une oreille docile aux échos de la grande voix de la tradition. On raconte que quelque temps après sa naissance, un noble étranger passant à Domremy, déposa un glaive sur le berceau de l'enfant d'Isabelle Romée et de Jacques Darc. La vue de cette épée fit cesser les vagissements de Jeanne, de sorte que dès les premiers jours de sa vie, cette enfant privilégiée entrait pour ainsi dire dans sa mission. Une prophétie de Merlin parlait d'une « vierge des marches de Lorraine qui devait sauver le royaume ».

Dans cette grande crise nationale, la France n'était plus qu'un lambeau de nation pantelante et meurtrie, quelque chose comme l'Irlande ou la Pologne, elle n'avait plus de capitale et la royauté ambulante errait à travers le royaume.

Le martyre a conduit Jeanne d'Arc à l'immortalité, mais l'amour de la Patrie, vivant et fort, venait de s'élancer de nos malheurs où on avait cru l'étouffer ; les Anglais interdits s'aperçurent qu'il y avait encore un roi de France. Il n'y a qu'un pyrrhonisme aveugle qui puisse révoquer en doute, cette phase de notre histoire nationale.

Qui sait si la France ne sera pas sauvée dans les luttes futures, non par une femme, mais par une collectivité de femmes héroïques. Une fausse philosophie, peu soucieuse de notre dignité, a cherché à renier ces titres glorieux, les systèmes anti-patriotiques se sont multipliés et de dangereuses théories se répandent.

Si Marie d'Anjou, femme de Charles VII, ayant eu pour domaine le Duché de Touraine, reçut avec bonheur Jeanne d'Arc apportant le réveil du sentiment national, c'est avec une douce résignation qu'elle dut prendre au nombre de ses dames d'honneur, Agnès Sorel, pour qui le roi fit construire le manoir de la « Roberdeau »

Cette maîtresse royale eut cependant une heureuse influence sur les destinées de la France ; car, elle sut faire réparer les maux de la guerre de Cent ans.

Le rétablissement de l'amitié des deux peuples fut le chant du cygne d'Agnès Sorel, qui n'eut pas d'égale parmi les femmes qui eurent le pouvoir de dominer les rois. L'histoire de cette favorite serait une fable, qu'il faudrait encore la respecter, puisqu'un grand peuple y trouva une leçon de patriotisme.

Des historiens laissent entendre que l'inimitié s'éteignit entre les deux nations à la suite d'un combat singulier, déguisé sous forme de joûte et qui eût lieu sous les murs de la ville de Tours. Les tournois furent l'école et le gymnase de la chevalerie, ces exercices militaires étaient dus en partie à Geoffroy, baron de Preuilly et qui les assujettit à des règles positives. De là aussi naquirent les cours d'amour.

Louis de Bueil, appartenant à l'élite de la noblesse française, entra en lice contre Jean de Chalons, gentilhomme anglais et y perdit la vie.

On dit qu'un jour, Charles VII, entraîné dans une partie de chasse à courre, en forêt de Groie, vint au domaine de la « Vervollière », fief au territoire de Coussay-les-Bois, non loin des bords de la *Creuse* et que là, il s'entretint avec Geoffroy du Plessis, qui se montra loyal avec son suzerain.

Ce serait là, que le roi apprenant le succès des Français dans la plaine de Colles, près du port de Castillon, le 13 juillet 1453, aurait eu l'inspiration de faire reviser le procès de Jeanne d'Arc, dont la mort violente hantait sans cesse son esprit. Charles en ses somnolences voyait toujours se dresser devant lui le bûcher de Rouen et les flammes se déployer autour de la martyre, comme une voile de vaisseau enflée par le vent. Cauchemar terrifiant, qui, venant se mêler à ses ennuis domestiques, l'acheminaît lentement vers la tombe. C'est alors que le roi de France fit commencer à sainte Catherine de Fierbois, la construction de l'église qui fut érigée en cure sous Louis XIV. Cette église eut à subir les violations d'émeutiers en 1790 ; un écusson des comtes de Béarn faisant partie d'une verrière, a échappé à cette dévastation.

Béni soit le jour où Jeanne d'Arc montera sur nos autels ; car, ce sera l'apothéose des plus suaves vertus qui puissent orner l'âme d'une française !

Après les ravages des guerres fratricides de religion pendant lesquelles se ranimèrent les animosités assoupies, Chinon eut des seigneurs engagistes, jusqu'au moment où Louis XIII reprit ce domaine que le roi céda à Marie de Médicis pour passer entre les mains de Richelieu.

Il n'est pas facile de discerner ce qui appartient à chaque siècle, l'ancienne tour du Beffroi dite de l'Horloge, peut servir d'arc de triomphe, le dernier coup de minuit y a la double majesté d'un adieu et d'un salut. Le pas qui résonne sur les dalles sonores, l'écho qui répète les paroles qu'on prononce, tout cela donne une vague impression d'abandon.

Quand on parcourt ces ruines, au-dessus desquelles il n'y a plus que le ciel où fleurissent les étoiles, comme des pâquerettes d'or, quand on se promène le long des remparts aux profondes douves jadis, où circulent seulement les gémissements des vents, une sorte de tristesse vous étreint que l'on ne saurait rendre avec des incolores paroles.

Le panorama qui s'ouvre à vous, n'est pas de ceux que l'on rencontre tous les jours ; car on y domine la campagne vers l'île Bouchard, ainsi que vers Candes.

Un splendide spectacle vous attend lorsque le soleil a achevé de percer le rideau de vapeurs, qui estompe les objets lointains. Si la beauté du jour ne parle guère à nos sens, une belle nuit étoilée verse dans l'âme de délicieuses jouissances, aussi les poëtes de l'antiquité aimaient-ils à écouter les harmonies des sphères célestes. Le soleil arrache des larmes et la nuit des soupirs.

Il est impossible de parler de Chinon sans ouvrir une parenthèse sur les grands hommes, à ne citer que Rabelais, Duchesne et Beaumarchais.

Rabelais né à Seuilly, aux environs de Chinon, devait avoir naturellement sa statue en bronze, jadis on n'élevait des statues qu'aux princes, le tour des grands hommes est venu de nos jours et la morale n'y perd rien. Le sol de la France, à l'instar de la rose des vents, est devenu un Panthéon décentralisé. Regardez Rabelais, comme du haut de son piédestal, il semble vous sourire ! c'est bien n'est-ce pas, sa mine ironique et railleuse ! quand je suis passé, deux passereaux espiègles perchés sur son bonnet carré, hérissaient leurs plumes ébouriffées...

Joyeux érudit, parlant une langue hachée de citations latines, bouffon impie se raillant du savoir, de la religion, de la mort même, ne pouvant être loué que de la libre pensée qui l'a placé au premier rang de son Panthéon.

Les satires obcènes de *Pantagruel*, les peintures licencieuses du *Roman de la Rose*, agirent sur les mœurs, et Rabelais lui-même a soin de recommander à ceux qui le lisent, « d'ouvrir la boîte pour en tirer la drogue, et de briser l'os pour en sucer la moelle ».

À son lit de mort, il dit à ceux qui l'entouraient : « Je vais chercher un grand peut-être ! » et sur le point d'expirer, il ajouta cette raillerie sinistre : « tire le rideau, la farce est jouée ! »

L'anagramme de son nom peut être celui-ci : Rabelaisius-Rabielaesus.

Sur le même territoire, où se trouve le petit domaine de la *Devinière* où naquit Rabelais, s'élève encore le château du Coudray-Montpensier, qui appartint à la maison d'Escoubleau, dont le nom fut mêlé aux religieuses de Loudun, célèbres par le procès de sorcellerie, intenté au curé Urbain Grandier, brûlé vif en 1634.

C'est à l'Ile Bouchard, que naquit André Duchesne, protégé par Richelieu, il devint l'historiographe de Louis XIII, et rendit de tels services par ses travaux d'érudition et d'études historiques, que ses contemporains lui décernèrent le titre de « Père de l'histoire ».

C'est encore à Rivarennes, sur la limite de la forêt de Chinon, que Caron de Beaumarchais créa ses comédies satiriques « *Le Barbier de Séville* (1775), et *Le Mariage de Figaro* », images fébriles de la société à la veille de la Révolution.

A NOTRE-DAME DE RIVIÈRE.

Les premiers apôtres en évangélisant les Gaules, apportèrent incontestablement avec eux le culte de la Vierge ; certaines vieilles traditions nous dévoilent l'existence de ce culte dès le IVe siècle, au village de Rivière, non loin de Chinon, autrefois *Riparia*, sur les bords de la Vienne.

Ce serait naturellement à cette rivière, qu'un monument religieux dédié à Notre-Dame, devrait son nom. Il aurait été élevé sur l'emplacement d'un primitif oratoire, dont l'origine est attribuée à un pieux ermite de Chinon, saint Mexme, disciple de saint Martin, qui avait lui-même la coutume de s'arrêter pour prier à ce petit sanctuaire, lorsqu'il passait la Vienne en ce gué, seul passage où venaient s'embrancher les différentes voies avant la construction du pont de pierre, par Henri II Plantagenet, roi d'Angleterre au XIIe siècle.

En cette bourgade, on vénère une statue miraculeuse, but d'un pèlerinage, dont l'origine simple et naïve, comme toutes les légendes des champs, peut se raconter en quelques mots : car, l'histoire n'ayant souvent pour corollaire que la voix du peuple.

C'était au Ve siècle ou Egidius à la tête des troupes Romaines assiégeait la forteresse de Chinon (Caïno), occupée alors par les Visigoths, une jeune bergère s'ap-

prochant des rives de la Vienne ou, d'ordinaire, elle
menait boire ses moutons, fut étonnée d'apercevoir une
statue de la Vierge flottant au milieu des remous de
l'eau ; elle courut avertir ses compagnes de sa découverte. Les jeunes filles curieuses et craintives revinrent
avec elle, retirèrent de l'eau la statuette de bois et
virent qu'elle représentait Marie tenant dans un de ses
bras l'Enfant Jésus.

Après l'avoir vénérée, les jeunes servantes l'emportèrent respectueusement et la remirent à saint Mexme
qui la reçut avec joie et la fit exposer dans une modeste
cabane de branches d'arbres et de bruyère.

Ce modeste oratoire devint ensuite ce que devient la
semence pendant l'hiver, ce que devient la source qui
semble momentanément rentrer sous terre, afin de repa-
raître un peu plus loin avec des eaux plus abondantes.

Les hauts et puissants Seigneurs de l'Ile Bouchard,
dont le castel était voisin, s'intéressèrent à ce sanctuaire. Ils donnèrent le terrain nécessaire sur leur chatellenie de Rivière, et ils prirent à leur charge la plus
grande part des dépenses de la construction de l'église
et d'un prieuré qui furent donnés à l'abbaye de Mar-
moutiers.

Cette église de village présente deux parties bien
distinctes, la nef en petit appareil bien caractérisée,
porte un cachet évident d'antiquité, alors que l'abside
est du commencement du xiie siècle. Le chœur est
élevé au-dessus d'une crypte, dont le sol est presque de
niveau avec la nef ; on accède au sanctuaire de chaque
côté par des degrés avec rampes.

Cette disposition est extrêmement originale et paraît
être une réminiscence de l'église de l'Annonciation, bâtie
à Nazareth, sur l'emplacement où la Vierge fut saluée
par un ange de l'armée céleste, l'archange Gabriel, qui
vint aussi sans doute, *fortifier* l'Homme-Dieu en son

agonie au jardin de Gethsémani, de sorte que cet ange d'un ordre supérieur, paraît avoir assisté au mystère joyeux de l'Annonciation, et au mystère douloureux de la Passion du Christ.

La décoration harmonieuse de l'extérieur de l'abside de l'église de Rivière, est digne de remarque, offrant un beau spécimen de l'architecture romane. Deux bas-reliefs en pierre dure, sont enclavés dans la partie haute, supportant le sommet du faîtage. Sur l'un, figurent deux personnages se donnant l'accolade, dans lesquels on s'est plû à voir saint Martin et saint Mexme; sur l'autre, une femme qui file du lin et rappellerait la Vierge de Nazareth, travaillant à cette robe sans couture, qui devait faire le vêtement de Jésus durant toute sa vie et que les soldats romains devaient tirer au sort, en jouant aux dés au sommet du Golgotha.

Or, dans ces bas-reliefs qui sentent l'enfance de l'art de la sculpture chrétienne en Touraine et méritent, à juste titre, toute l'attention de l'archéologue, peut-être faut-il y voir comme le scel de celui qui a jeté les fondements de l'édifice, un seigneur de l'Ile Bouchard, de retour de la croisade dirigée par Godefroy de Bouillon, qui s'empara de Jérusalem, y fonda un royaume dont il fut proclamé roi, mais qui ne consentit à porter qu'une couronne de paille, où le roi du Ciel et de la terre avait été crucifié.

La Vierge qui file serait un souvenir de Nazareth rappelant l'expédition des Croisés, à l'église de l'Annonciation. En effet, Nazareth, Bethléem et le Calvaire, forment la trilogie sacrée qui résume l'histoire du Sauveur, vérité qui est la vie morale du monde.

Quelles que soient ces conjectures sur cet art statuaire, il n'en demeure pas moins certain qu'il remonte à une époque difficile à déterminer, même avec le secours de l'histoire.

Les progrès de la sculpture au xiie siècle se constatent par l'admiration naïve que l'on avait pour les choses naturelles, de là, évidemment, cette profusion de figures d'animaux représentés par le côté caricatural, satire des temps, ou exagération des caractères qui donnent la clef de divers ornements restés obscurs, où l'inspiration des sculpteurs se donna libre cours dans leurs chefs-d'œuvre qui ont couvert la France.

Dans un certain nombre de façades d'églises, on remarque des bas-reliefs dont les sculptures semblent appartenir à la Renaissance Carlovingienne et, à ce titre, malgré leur grossièreté au point de vue de l'art, elles méritent d'être signalées et intéressent ceux qui veulent étudier l'iconographie de ces temps qui a demandé aux différents règnes de la nature, ses motifs d'ornementation.

Ce sont les piliers sculptés fort curieux, appliqués au flanc méridional de la nef de l'antique église de Cravant, propriété de la Société d'Archéologie de France, qui siège en reine sur le trône de la science.

À Azay-le-Rideau, c'est une série de personnages rangés sur deux rangs, où la figure du Christ domine la composition de facture barbare.

À Chanceaux-sur-Choisille, deux petits personnages sculptés au sommet du pignon.

À Saint-Mexme-de-Chinon, on distingue encore, à la base du fronton, des médaillons figurant les mois.

À Evres, trois personnages grossièrement sculptés, sont encastrés dans le pignon du chevet. Cette curieuse et belle antiquité se rapporte peut-être au miracle de sainte Monégonde guérissant une jeune femme atteinte d'une affection purulente, alors qu'elle passait à Evres, se rendant au tombeau de saint Martin, et dont saint Grégoire de Tours, dans sa *Vie des Pères et de la gloire des Confesseurs*, nous a donné des détails sur la vie de cette admirable sainte.

A Epeigné-sur-Dême, la façade de l'église est ornée d'une décoration singulière, présentant une série de bas-reliefs d'animaux rangés sur le même plan. Le fronton du transept septentrional de l'église abbatiale de Beaulieu-les-Loches, fondée par Foulques Nerra, au xie siècle, présente une série de sculptures gallo-romaines fort intéressantes.

Ces statues sont généralement drapées; car, ce n'est que depuis la Renaissance que le *nu* semble être devenu la forme du beau. Nos artistes modernes sont loin des grands statuaires de l'antiquité, où Phidias et Praxitèle drapaient leurs statues.

Si intéressante que soit l'église de Rivière au point de vue architectonique, elle ne l'est pas moins par ses fresques. On y voit des fragments de peintures murales remontant au xiiie siècle, que l'on pourrait peut-être attribuer à Etienne Pot-à-Feu.

Les édifices religieux de l'époque romane, avec leurs fenêtres étroites et leurs grandes voûtes en berceau, présentaient de larges surfaces sur lesquelles les peintres se plurent à exécuter leur art en des fresques au coloris vif, moins dispendieuses que les tapisseries. La patine du temps a délicatement calmé les duretés premières de ces couleurs, peu compliquées du reste. Quelques-uns de ces ouvrages sont du xive et du xve siècle, où le blanc domine. Les figures n'y paraissent pas une *imitation directe* de la nature, et cependant on y reconnaît une observation plus sérieuse que sur les fresques du xiie siècle, où il n'y a, au contraire, aucune règle sous le rapport artistique, mais où la simplicité de l'ordonnance et la naïveté de l'exécution, sont les qualités primordiales. Les peintres ne signaient point leurs œuvres et leurs noms sont tombés dans l'oubli.

Les fresques sont des œuvres plus senties qu'aucune autre à cause de leur difficulté d'exécution, l'artiste est souvent un profond penseur, qui sur son échafaudage écrit du pinceau une page exquise due, n'en doutons pas, à un sentiment de piété vraie et éclairée, aussi l'archéologie doit-elle une protection toute spéciale à la conservation de ces œuvres si délicates, qu'un brutal badigeonnage a recouvert trop souvent.

La peinture chrétienne est un livre pour ceux qui savent lire, et une image pour ceux qui sont illettrés ; l'image fait par la vue ce que la parole opère par l'ouïe.

Que de suaves émotions émanent de ses murailles imprégnées de la prière des siècles, qui tombent de ces voûtes sous lesquelles tant de générations se sont agenouillées. La tradition rapporte que Jeanne d'Arc vint sur le *seuil* du Temple de Notre-Dame-de-Rivière, demander à la Vierge sa protection pour accomplir sa divine mission ; elle ne voulut, pour compagnons d'armes, que des guerriers initiés aux mystères de la religion catholique, afin de fortifier leurs soldats et d'exhorter leurs bataillons.

Ici, par parenthèse, j'observerai pour les âmes timorées, combien les délicatesses de Dieu sont infinies au sujet de la manière de prier. Les Juifs ont prétendu que c'était le privilège des rois de la race de David de prier assis dans le parvis du temple, qui succéda au tabernacle, symbole du règne de Dieu et de sa présence en Israël. Or nulle posture, nulle attitude n'a été prescrite dans la loi pour la prière ; tant dans l'Ancien que dans le Nouveau Testament. En aucun endroit des Écritures, Dieu défend de l'invoquer assis ou commande de prier à genoux.

Les religieux de la célèbre abbaye de Marmoutier furent les derniers possesseurs du Prieuré de Rivière, et donnèrent un grand essor au pèlerinage. C'est donc qu'il se produisait dans la contrée un concours de peuple considérable.

Après notre terrible tourmente révolutionnaire, les populations reprirent les chemins de leurs aïeux vers ce sanctuaire, heureux de déposer aux pieds de la Vierge, l'hommage de leur foi ; de cette foi sincère qui apporte à l'homme le meilleur baume contre le découragement, et qui adoucit toutes les souffrances au milieu du monde, qui fait retentir de tous côtés ses joies dissolues.

DES ANCIENS CAMPS

EN TOURAINE.

Les camps nous révèlent l'homme dans sa nature rustique, c'est l'aurore de la la vie sociale.

On remarque une certaine analogie entre les camps Romains et Gaulois et ceux des Anciens ; leurs formes et leurs retranchements, paraissent en effet, être peu dissemblables.

Ces camps occupés temporairement, étaient enclavés d'un fossé dont les déblais rejetés du côté de l'intérieur formaient banquettes et parapets, couronnés eux-mêmes d'une palissade. Les Romains doivent la constance de leurs succès à leur méthode de camper, dont ils ne se sont jamais départis. Les vestiges de leurs anciens camps sont nombreux, comme ceux d'Amboise, de Boussay, mais nous ne connaissons rien de la casmétration chez les peuples des Gaules et encore moins chez les Anciens.

Les peuples lors de leur migration, durent régler l'établissement de leurs camps selon la nature du terrain s'entourant d'un rempart de boucliers à l'instar des peuples de l'Orient, qui campent autour de la tente de de leur chef.

Quant à nos ancêtres, les Gaulois n'étant pas agriculteurs, ne se perfectionnèrent guère, tout en menant une vie aventureuse, changeant continuellement de place, campant plutôt qu'ils ne logeaient. De là, l'absence d'anciennes bâtisses dans les Gaules. On reconnaît cependant leurs passages aux divers fragments de poterie, de silex bizarrement taillés d'amulettes, qui suivirent leurs morts dans leur tombeau et dans l'au-delà ; car, de tout temps les hommes ont cru du berceau à la tombe, la croyance à une vie future.

Si les sauvages n'ont aucune idée de Dieu, ils ont une foule d'idées superstitieuses qui ne peuvent s'expliquer que par la croyance à un monde surnaturel.

Il est de tradition locale que les hauteurs dominant Cinais, près Chinon, ont été dans leur origine, un camp adossé à la forêt de Fontevrault, afin de surveiller le vallon où coule le *Negron*, traversant les prairies du Clan pour se rendre dans la Vienne, dont l'eau est blanche ou bleue, selon qu'elle reflète les nuages ou l'azur du ciel.

Les nombreux blocs de pierre irréguliers dessinent encore une enceinte, alors que les fossés se sont comblés par les affaissements sans cesse renouvelés des terres : néanmoins un œil exercé retrouve les vestiges des lignes de circonvallation. Du reste selon le témoignage de César, l'un des plus grands hommes de l'antiquité, les murailles des villes n'étaient faites que de poutres liées ensemble par des traverses, le tout garni de pierres et de terre.

Aux yeux de tous les peuples, la puissance a toujours résidé dans le glaive, une nation ne saurait mourir tant qu'elle a conscience d'elle-même. Serait-ce là, un *oppidum gaulois* où ils se préparaient à repousser de nouvelles incursions des Barbares ?

Est-ce un camp établi au moment de l'invasion Romaine ?

Son état plein de grandeur caractérise plutôt un campement à l'époque des incursions des peuples non civilisés, sa superficie permet d'en évaluer la population à près de 6.000 habitants qui devaient s'en servir comme lieu de refuge. Les indigènes pouvaient y mettre leurs troupeaux à l'abri d'un coup de main, d'autant plus que la vallée ne devait être qu'un vaste marécage. Les rivières et le fleuve n'étaient pas endigués, leurs eaux se répandaient librement dans les campagnes et submergeaient tout le pays appelé *Véron.*

Ces lieux de sûreté ont reçu des noms significatifs, révélant le secret de leur origine :

La Haie (habitation close de haies vives). — Le Plessis (clôture de pieux et de branches entrelacées, plexitum). — Chanceaux, la Cancellerie, les Chanceliers (barrières de pieux, cancelli). — La Chastre (castrum, camp). — Le Château, le Chatelet, le Chatellier (castellum). — La Brétéche (blockhaus). — La Ferté (firmitas) forteresse. — — Les Gardes, les Barres (barrœ) barrières de défense, etc., etc.

De cette élévation de terrain on jouit d'un beau spectacle qui revêt toute sa magnificence à l'heure où le soleil illumine de ses feux mourants, la cime des grands arbres de la forêt, allongeant leur ombre sur les terres labourables ou les prairies ; une buée vaporeuse couvre le grand fleuve d'une lueur laiteuse, tandis qu'au loin la fumée noire des locomotives semblables à d'énormes mastodontes, entraînent les wagons emboîtant leurs roues sur des rails qui se perdent dans l'éloignement ; les corneilles s'envolent à l'approche de tant de fracas, laissant aux pessimistes le soin de tirer de bons ou de mauvais présages de leur vol.

Le calme et la paix règnent ici, c'est la solitude animée, pleine d'idées et de choses qui donnent les sensations du mouvement et de la vie. Cette vallée, se déroulant des hautes futaies aux versants des collines méridionales, longeant les bords de la Vienne, est par-

semée de monuments religieux des xie et xiie siècles, et
ces glorieuses archives de pierre sont des signes d'une
vitalité étonnante qui succéda à cette époque de découragement de l'an *Mille*, révélant la volonté des destins.
A cette époque, les hommes étaient terrifiés par la proximité du jugement dernier, les choses périssables leur
importaient peu et au milieu de cette apathie profonde,
envahissant toutes les classes de la société, tout tombait
en ruines. Mais, aussitôt que l'an regardé comme funeste
eut passé sans amener la fatale catastrophe, une incroya-
ble activité se réveilla de toutes parts. Les églises
furent rebâties à l'envi ; c'est de ce prodigieux mouvement architectural, que serait sortie, sous une influence
bizantine, ce style roman que nous remarquons de
Candes à Antigny. Ce mouvement de restauration et de
rénovation en s'accentuant, fit du xiie siècle, le siècle
architectural par excellence ; car, il a produit des monuments plus que tout autre et dignes de rivaliser avec
les admirables chefs-d'œuvre qui sont l'orgueil de nos
cités et dont ils étaient le prélude. C'est ce genre de
style qu'en Italie on appelle Lombard, en Angleterre
Saxon et en France Roman.

Chaque siècle a annoncé à son tour, en le préparant,
celui qui devait le suivre, ainsi que le jour d'aujour-
d'hui a hérité sa tâche du jour qui n'est plus en la
léguant inachevée au jour qui vient, aussi la Renaissance
ne fut-elle point une œuvre improvisée.

Reconnaissons cette puissance de l'art chrétien dont
l'éclat ne saurait pâlir. Du ciel émanent les grandes
pensées et découle la véritable inspiration.

SAINT MARTIN APÔTRE DES GAULES

Candes, au confluent de la Vienne et de la Loire conserve vivant le souvenir de saint Martin, dont les prédications fructueuses amenaient des milliers d'âmes au Christ et à la lumière de la vérité.

Dans les circonstances critiques que traversait alors l'église au déclin du IVe siècle, il fallait à l'église des hommes d'une grande force morale et d'une vie exemplaire. Qui, mieux que saint Martin, d'abord soldat aux escadrons de César, puis moine, enfin évêque de Tours, pouvait former de tels hommes. L'éloquence humaine est impuissante pour louer un personnage aussi éminent.

L'église étincelait d'un vif éclat, car d'autres grands hommes et saints célèbres par leurs vertus et leurs talents, vivaient sur divers points de la chrétienté, à rappeler : saint Ambroise, évêque de Milan, qui écrivait ses ouvrages respirant une fougue d'imagination vive et tendre pour le temps. Il y explore, en effet, l'immense océan de la doctrine révélée en s'élevant jusqu'aux clartés inaccessibles de la nature divine.

Saint Jérôme, en Palestine, traduisait la Bible, version connue sous le nom de vulgate en usage dans l'église catholique.

Saint Augustin occupait le siège épiscopal d'Hippone; il fut un de ces rares génies qui ont tout embrassé, et personne n'a mieux analysé les facultés de l'esprit humain.

C'est à Ligugé (*Locociacum*) sur les bords de la charmante rivière du Clain, non loin de Poitiers, que saint Martin concentra ses premiers disciples avant de fonder le grand Monastère de Marmoutier (*Martini monastérium*).

Eustache Lesueur, surnommé le Raphaël français, a peint un tableau dit : *la Messe de Saint-Martin*, aujourd'hui au Louvre. C'est en même temps un chef-d'œuvre du génie de l'artiste et une reminiscence de notre grand apôtre.

Les splendides floraisons de couvents, avec leurs cloîtres tels que nous les concevons, ne sont venus que plus tard avec les grands chefs d'ordres apostoliques comme autant de sources d'eau vive, arrosant la tige naissante de la France régénérée.

Il n'y a pas de beauté sans variété, et cette loi s'applique aux institutions elles-mêmes. À cette époque le rayonnement du Christianisme s'étendait, il est vrai, dans la Gaule, où les légions Romaines foulaient toujours son sol, les religieux habitaient des cabanes ou grottes et retraçaient dans leur vie celle des solitaires de la Thébaïde.

Saint Martin voyageait pédestrement, et pauvrement, vêtu d'une tunique de bure qu'enveloppait un manteau dit *Amphimulle*, fait d'une laine grossière, ayant un long poil de chaque côté du tissu, mais protégeant une âme d'élite. Une bête de somme lui servait parfois de monture et il cheminait, accompagné d'une suite de domestiques sortant de rangs infimes.

C'était lui, ce brillant cavalier que les traditions pieuses nous montrent aux portes de la ville d'Amiens, dégrafant de son épaule sa chlamyde, avec son glaive la partageant en deux et en donnant la moitié pour en couvrir le corps grelottant d'un pauvre hère.

On sait quelle immense influence le grand évêque de Tours exerça autour de lui, ébranlant les populations, en semant les miracles sur son passage, renversant les temples et brisant leurs idoles. Le souvenir de ces prodiges resta comme une bonne loi dans l'esprit des populations, pour les rattacher individuellement à la foi. C'était pour saint Martin une sorte de mise en demeure de justifier sa mission par l'éclat des prodiges. Les villages étaient perdus au milieu de sombres forêts qui couvraient la région, et l'accès en était difficile, aussi bâtissait-il ses églises dans les bourgs situés non loin des voies gallo-Romaines.

Par une de ces vues rapides et lumineuses, ce fut pendant une tournée pastorale, vers Candes (Condates) où bravant son grand âge il arrivait exténué, que saint Martin rendit à Dieu sa belle âme. La question de l'avenir de ses religieux l'obséda jusqu'au dernier souffle.

Dès ce moment, ses œuvres parleront pour lui dans la postérité la plus reculée. Bornons-nous à retracer le dernier acte d'une si belle vie.

C'était pendant la nuit du 8 novembre 397, au moyen âge on montrait encore, près de la collégiale, un ceps provenant d'un des sarments qui avaient servi de lit au Thaumaturge des Gaules. A la nouvelle de sa mort, les Poitevins et les Tourangeaux se disputèrent sa dépouille mortelle, les uns prétendaient à sa possession comme étant leur évêque, les autres, comme ayant été leur premier abbé.

Le sommeil ayant gagné les Poitevins, alors que les Tourangeaux veillaient, ceux-ci se hâtèrent d'enlever le précieux corps qu'ils déposèrent dans une barque et firent force de rames vers la Loire, en louvoyant entre les nombreux îlots.

Au moment où la barque passait à hauteur du village de *Berthenay*, encore sans nom, et situé sur la lisière de la forêt de Plaute, on la vit tout à coup ralentir sa marche. La voile malgré le vent d'ouest qui soufflait, se mit à battre la vergue. Etonnement du pilote, « peut-être, dit-il, le saint Pontife veut-il que ses enfants fassent station pour chanter ici les louanges du Seigneur et Maître ».

Cette interprétation était acceptée par les néophytes, lorsque malgré la résistance du gouvernail, la barque comme consciente de ses mouvements, va droit à la rive et se prête d'elle-même au débarquement. La volonté du défunt était manifeste.

Mais l'office chanté, on voulut partir. Sur l'ordre donné, le bateau fut remis à flots et le cortège s'attendait à le voir de lui-même reprendre chemin..., nouvelle surprise...., la barque reste stationnaire au milieu du fleuve... Pour cause, elle n'est point échouée sur un banc de sable et il est facile de constater qu'en cet endroit le lit est profond.., mais puisque la brise souffle jusqu'au rivage, pourquoi n'arrive-t-elle point à la voile?

D'un autre côté, pourquoi cette fragile nacelle ne descend-elle point emportée par le courant, qui au tournant est raide ? Mystère !

Cependant le pilote commande, et en désespoir de cause, les rameurs interviennent ; à plusieurs reprises, le mouvement d'ensemble est donné..., les rames battent le flot..., inutiles efforts. L'anxiété de tous était à son comble et chacun jetait des regards suppliants sur le visage éteint du saint évêque.

« Frères, s'écrie un moine, notre père défunt veut qu'un sanctuaire, ici, soit élevé. Prenons l'engagement d'édifier sur ce rivage une maison sainte dans laquelle le Seigneur Dieu sera glorifié, et la mémoire de notre maître religieusement conservée ».

Après ce vœu solennél, signé de cœur et consenti par tous, la barque reprenait route et regagnait en vitesse le temps qu'avaient duré les prières de la station ; ainsi fut fondée la paroisse de Berthenay.

On arriva à Tours, où une multitude de peuple s'était rassemblé pour les funérailles pompeuses. Le corps fut déposé dans un tombeau, non loin de la ville, près d'une voie Romaine. Si le merveilleux qui s'attache à la vie de ce thaumaturge, avait été dépourvu de sincérité, comment s'expliquerait-on l'incomparable grandeur morale dont il vous apparaît revêtu ? Comment se rendre compte de la sublimité de sa vie et de l'apothéose de sa sainteté ?

L'église actuelle de Candes remaniée et restaurée, présente une combinaison des éléments militaires et religieux, en vue des agitations au XIIe siècle.

Du haut de ce donjon du Christianisme, les sentinelles veillaient. Que de souvenirs dans ce sanctuaire !... Ah ! si ces murs pouvaient parler, comme ils nous rediraient les sublimes entretiens du grand apôtre.

Une pieuse tradition désigne la chapelle du côté de l'Evangile, comme l'emplacement de la chambre de la maison, où le grand Thaumaturge des Gaules rendit le dernier soupir ; son lit de mort (lectulus), c'est-à-dire, l'endroit du pavé étendu de cendre avec une pierre pour oreiller, serait respecté dans l'épaisseur même de la muraille. C'est bien là, un hasard providentiel avec lequel joue la suprême sagesse. La fenêtre septentrionale de cette chapelle, remplacerait celle qui donna passage au corps saint, lorsque les Tourangeaux s'en emparèrent, de sorte que nous foulons la terre, qu'il a lui-même foulée.

Les siècles n'ont point affaibli son auréole, et les plis de son manteau comme le manteau d'Elie, recouvrent toujours les grandeurs du passé et les espérances de l'avenir. Les nuages peuvent obscurcir les horizons, un coup de vent survient, et la sérénité reparaît avec le soleil du lendemain.

Si en détruisant la religion, on détruit le lien social, l'impiété ne saurait détruire le culte catholique, ni éteindre la sève chrétienne.

Tours devint Métropole sous l'empereur Valentinien III après la victoire remportée par le général Romain Aétius à Châlons sur Attila. On ne saurait oublier les nations confédérées en cette campagne, telles que les Francs avec Mérovée, les Wisigoths avec Théodoric, et comme alliés, les Barbares maîtres du pays.

Depuis que Constantin avait rendu au monde la paix religieuse, les peuples avaient pris l'habitude de se diriger en pélerinage vers certains lieux privilégiés, aussi le tombeau de saint Martin devint-il le rendez-vous de la chrétienté.

Clovis, regardé comme le fondateur de la Monarchie française, vint remercier l'apôtre des Gaules, véritable apôtre aussi des Francs, selon le vœu qu'il avait fait d'embrasser le christianisme sur le champ de bataille de Tolbiac et de recevoir le baptême, non dans la cathédrale de Reims, mais dans une humble église de faubourg, dédiée à saint Martin.

C'est au tombeau de saint Martin, que les prières de la reine Clotilde furent les plus ferventes. Ce fut sur ses instances, ainsi que sur celles de sainte Geneviève, qui vivait à Paris, dont elle devait être plus tard la patronne, que Clovis bâtit à Paris, l'église Saint-Pierre et Saint-Paul, qui devait lui servir de sépulture, ainsi qu'à son illustre épouse et à la patronne de Paris. Une superbe basilique sous le vocable de sainte Geneviève, a remplacé ce premier édifice religieux.

C'est à Hugues Capet, comte de Paris et duc de France, que l'on doit faire remonter l'origine des titres d'abbé et de chanoine de Saint-Martin, que les rois de France portèrent jusqu'à la Révolution.

Si Hugues *Capet* se concilia le clergé en renonçant aux abbayes qu'il tenait de son père, l'histoire lui a conservé le surnom de *Capet*, de son habitude de porter un *capuce* qui était le couvre-chef des moines, de sorte que nous ne saurions trop avoir de respect pour ce vêtement monastique qui a donné son nom au chef de la troisième race de nos Rois.

La formule du serment que prêtaient les rois de France, lors de leur réception comme chanoine d'honneur de la Basilique, a été retrouvé dans le livre des Evangiles écrit en lettres d'or, qui avait été déposé entre les mains de Charlemagne, lors de son inhumation, comme empereur d'occident à Aix-la-Chapelle.

La Touraine eut beaucoup à souffrir de Hastings, chef des pirates normands au ixe siècle. Les barbares incendièrent la contrée et vinrent assiéger la ville de Tours. Les habitants firent des prodiges de valeur animés par la présence de la châsse de saint Martin, ils repoussèrent les assaillants et les poursuivirent l'épée dans les reins jusqu'à quatre lieues de la ville, au dire de Radbode. Sur le champ de bataille, les vainqueurs élevèrent une église en l'honneur de saint Martin de la guerre (S. Martinus de Bello).

Au lieu où la châsse avait été déposée pendant l'assaut, ils élevèrent une église sous le vocable de saint Martin de la Bazoche (de Basilica), ainsi qu'une chapelle au pied des remparts, où une brèche avait été faite, et qui conserva depuis le nom de *Saint-Jean des corps nus* ou celui de *Saint-Jean des coups*, selon que la tradition a été plus ou moins interpolée.

Lorsque les Danois et les Norvégiens abordèrent de nouveau sur les côtes de la Neustrie, sous la conduite de Hrolf, ils s'avancèrent encore jusqu'à Tours. L'abbaye de Marmoutier fut ruinée par le feu, ainsi que divers monastères de la ville. La châsse de saint Martin fut transportée à Auxerre, jusqu'à ce que les inquiétudes se furent dissipées. Cette châsse aurait été faite au temps de saint Perpet, évêque de Tours, selon Hébern, dans une chronique des comtes d'Anjou. Elle était en *électrum*, en forme de voûte (absida), de l'épaisseur de deux doigts, le saint corps y fut déposé, enveloppé d'un suaire de pourpre.

De l'antique Basilique de Tours, ou l'on venait des contrées les plus éloignées, voyage assimilé à celui de Jérusalem, il ne reste que deux hautes tours carrées, dont l'une fut élevée sur le tombeau de Luitgarde, femme de Charlemagne et la tour du Trésor ou de l'Horloge.

On ne peut regarder sans émotion, ces témoins des joies et des douleurs de ceux qui ont vécu avant nous. La Basilique était un asile inviolable, comme le sont les consulats dans un port étranger. Les choses ont bien changé, puisque cet asile fut le théâtre de tous les excès, et nous en sommes revenus au temps de Julien l'apostat. De grandes voies passent sur son emplacement, et le peuple foule la poussière d'ossements de chevaliers qui se firent d'humbles serviteurs devant le Très-Haut. Mais rassurons-nous, le *Galiléen* vaincra toujours, et nous reverrons les beaux jours de la foi, qui comme un feu sacré veille et brûle dans les cœurs de bon nombre de Français.

Sur le tombeau de saint Martin retrouvé, s'élève un édifice qui se profile sur le ciel comme un immense mausolée dû à la générosité des catholiques du monde entier. Est-ce que le bien ne naît pas de l'excès même du mal ? On accourt toujours au sépulcre du saint évêque, et d'illustres pèlerins viennent s'agenouiller comme au temps de Geneviève et de Clotilde. L'intervention de la puissance divine s'y fait toujours sentir.

Quant aux antiques murailles de la célèbre abbaye de Marmoutier, plus vieille que la monarchie française, et bâtie sur les rives du fleuve que les eaux venaient baigner lors de leurs crues, il ne reste debout que la porte de la Crosse, élevée par Hugues de Rochecorbon, élu abbé au XIIIe siècle. Elles rappellent que l'homme détruit comme il édifie, pierre par pierre, démontant ses propres œuvres. Dieu seul les anéantit d'un coup de tonnerre, ce terrible messager de sa justice divine.

Des dépendances de l'antique abbaye de Marmoutier, œuvre essentiellement collective des moines, il reste encore un des plus beaux spécimens de construction somptueuse du XIIIe siècle, que nous possédions en France, au village de Parçay-Meslay où le porche et la grange *dimeresse* dépendant de la villa de *Parcayo,* ou des champs des abbés, tandis que Rougemont était leur logis abbatial. Voilà une tradition qui est d'un commun accord.

SUR LA PILE ENIGMATIQUE

A Cinq-Mars-la-Pile.

Diverses conjectures ont été présentées sur l'établissement du monument connu sous le nom de la « Pile » à Cinq-Mars, construite sur la rive droite de la Loire, en aval de Tours. Jusqu'ici sa destination est restée énigmatique. Les savants se heurteront toujours à certaines questions pendantes parce que le domaine de l'opinion comprend toutes les choses qui peuvent être, mais que nous ne pouvons en raisonner que par hypothèses.

Les historiens ont attribué sa construction aux Celtes, aux Romains, aux Alains et aux Goths, pour perpétuer quel souvenir? Mystère, de même qu'on a vainement cherché l'explication des trophées de Nîmes, d'Aix, de Vienne, dans un grand événement arrivé sur les lieux mêmes où les édifices ont été élevés. Si l'on tient compte des récits de Suétone, on trouve que ce sont les soldats laboureurs qui, au premier signal, quittaient la charrue et reprenaient l'épée qui les ont bâtis, afin de frapper l'imagination du peuple gaulois, subjugué par leurs aigles victorieuses et de demeurer dans la mémoire des hommes.

C'est à la suite des conquêtes des armées romaines, que l'art grec pénétra dans les Gaules, où il n'y avait pas d'art proprement dit, ces peuples en apprirent les notions au prix des plus sanglantes défaites.

Ce fut par la voie de Marseille alors en relation avec

l'Egypte, d'où les arts avaient pris leur essor, que l'architecture égyptienne devint comme le prototype de tous les styles qui l'ont suivie chez les différents peuples.

La « Pile » de Cinq-Mars est en briques, et présente certains signes de décoration, comme la prévalence de lignes géométriques combinées avec des couleurs vives qui lui donnent un caractère original, une physionomie particulière. On voit, à sa partie supérieure méridionale, une série de onze panneaux quadrangulaires ornés de moulures en forme de mosaïques frustes dont on aperçoit le fond plus clair de mortier.

Ces dessins en briques qui se bornent en lignes droites ou brisées, en lignes demi circulaires, ont certainement été établis pour nous donner la clef de son érection. Or, en comptant ces panneaux de haut en bas, comme ils se présentent à nous, on remarque qu'ils s'offrent dans une position voulue comme 6-1-4.

Ces panneaux sont antérieurs aux chiffres arabes, qui remontent au viie siècle, mais en fait de monuments écrits de cette époque, on ne connaît que des monnaies.

Nos historiens ont émis des idées hypothétiques, sur l'origine de ce monument et l'ont attribué aux romains qui ont laissé tant de monuments remarquables.

Néanmoins, l'évêque de Tours, saint Martin (1), le plus bel ornement de l'illustre église des gaules et décédé vers la fin du ive siècle, n'en fait point mention, et pourtant il fonda la paroisse d'*Alingavia* (Langeais), distante de 5 kil. de Cinq-Mars ou 19 kil. de la ville de Tours, en suivant la voie romaine parallèle au fleuve. Deux siècles plus tard, saint Grégoire (2), surnommé le *Père de l'histoire de France*, et qui a

(1) Saint Martin, 316-397.
(2) Saint Grégoire de Tours, 539-595. Son histoire des Francs ne s'étend que jusqu'en 581.

recueilli si soigneusement ce qu'il a vu sur le sol de la Gaule ne signale pas davantage son existence ; cependant il nomme *Alegavensis* (Langeais), comme un centre déjà important.

Le silence de ces personnages ne serait-il pas une déduction que ce monument n'était pas connu de leur temps ?

Ce point élucidé, il convient de rechercher à une époque postérieure une *quasi-certitude*, tellement le désordre des temps des guerres, des événements rompt le fil de la tradition, en apportant l'obscurité dans les hauts faits de notre histoire nationale.

Parmi les peuples envahissant les gaules au vi⁰ siècle, les Francs-Saliens dominent en Neustrie, restée à demi Romaine de mœurs ; la Loire au sud formant la limite naturelle du royaume.

Au lendemain de la mort de Brunehaut 613, reine d'Austrasie, qui avait suscité sans cesse de nouvelles guerres, Clotaire II, dont les historiens montrent à l'envi les vertus, réunit ses États l'Austrasie et la Bourgogne, et il consacre en l'an 614, au Champ de mars, les privilèges des Leudes, parmi lesquels figuraient sous le nom de « bénéfices », les terres données aux principaux du royaume, compagnons ou fidèles, en récompense de leurs services. Cette terre bénéficiaire, d'abord temporairement accordée, devint bientôt héréditaire et constitua le *fief*. Et sur la « terræ S. Medardi » ainsi appelée d'après une charte de saint Julien, aurait été élevée l'an 614, la Pile construite à Cinq-Mars, pour commémorer l'événement le plus marquant du vii⁰ siècle.

Quels que soient les doutes soulevés par ces probabilités, celles-ci n'en sont pas moins d'un grand intérêt pour l'histoire et l'archéologie. Puissent-elles servir à résoudre ce problème historique ; car, je n'ai point l'intention d'attacher mon nom à la solution de cet

important problème, tout en apportant mon tribut d'in
formations. Ce serait assurément une jouissance que
d'asseoir une quasi vraisemblance obtenue par le raison-
nement seul. On peut reconnaître en effet, que l'érection de ce monument s'accorde merveilleusement avec
ces assertions qui méritent d'être respectées jusqu'à
preuve du contraire ; car, l'esprit humain qui supporte
difficilement le vide, cherche dans ses propres calculs
une satisfaction qu'il n'a pu trouver à d'autres sources,
dans l'ordre des possibilités ; qui assignera des bornes
à la sagacité de l'homme et aux connaissances que le
hasard et la méditation peuvent leur faire atteindre ?

La forme orthographique de *Cinq-Mars-la-Pile*, est
une altération de Saint-Mars, qui est elle-même une
corruption de Saint-Médard, *Sanctus Medardus de
pile*.

L'orthographe de Cinq-Mars a prévalu dans le nom
du Marquis d'Effiat, maréchal de France et père du
fameux Cinq Mars, dont la conspiration a été immorta-
lisée par le roman d'Alfred de Vigny.

Quoi qu'il en soit, du fief de Cinq-Mars, il ne reste
plus que deux tours démantelées, fières encore de la
rouille des siècles en leur infortune et perchées comme
des oiseaux de proie sur la colline.

LE FIEF DES CRÉMILLÈRES.

Sur l'ancien territoire de la chatellenie de Cinq-Mars, s'élevait le fief des *Cremillères* entre la Loire et la forteresse.

Si le nom de Cremillères a prévalu, on trouve néanmoins les noms de *Cremaillères* et *Cremaillières*.

Cremaillères dériverait soit de *Cremane* (brûler, incendier), rappelant quelque épisode du moyen âge ? Soit de *chemil* ou *Cremil*, divinité d'un ordre inférieur de l'olympe gaulois, mais que les Gaulois adoraient avec Hésus, dieu suprême du druidisme. Sur nos cartes de *Cassini* et de l'État-major, on trouve les épithètes de *Chemille, Chemilly, Cremillé*.

Aussi l'origine des fiefs a-t-elle toujours exercé les savants. Les historiens ont attribué l'institution des fiefs les uns aux Lombards et les autres aux Francs. Le sens propre du mot est déterminé par son étymologie même *feh-ohd* (propriété, solde), terre donnée comme solde des services militaires.

Le comté de Touraine fut réuni au comté du Blaisois, dès 1019 sous Robert, pour se joindre sous Henri Ier au comté d'Anjou et rattaché au domaine royal sous Philippe II, au commencement du XIIIe siècle.

À cette époque les rois réunirent au domaine de la Couronne, certaines provinces appartenant à leurs grands vassaux, de sorte que les fiefs qui relevaient de ses vassaux devinrent naturellement des fiefs immédiats de la Couronne.

On conçoit avec quelle rapidité les fiefs se multiplièrent. Si les concessions eurent pour effet d'affaiblir les grands domaines, l'apanage remplaça le partage des biens patrimoniaux entre les enfants. Les filles seules par une ordonnance de Philippe le Bel en 1314, furent exclues du partage des biens et ne reçurent qu'une dotation en argent ou en immeubles rachetable en deniers. Et cet usage se répandit des marches du trône aux vassaux.

Le fief des *Cremillères* est l'histoire des Joubert, de souche bourgeoise qui l'acquirent à titre d'engagement.

Ces seigneurs s'illustrèrent dans la magistrature de la ville de Tours, d'autres pleins d'illusions ne tardèrent pas à connaître les déceptions et succombèrent dans les luttes civiles, mais ayant pour principal souci, l'honneur de leur nom.

Si les seigneurs de Cinq-Mars, avaient le droit d'avoir une chapelle en propre à l'église paroissiale, où ils arrivaient par une des portes du château, les seigneurs engagistes étaient privés de cet avantage. Ils construisirent une chapelle comme l'indique la date 1613, dans la clef de voûte de cet édifice. Certains seigneurs du reste, possédaient en leur domaine deux chapelles, l'une dans la basse-cour à l'usage des gens du fief, l'autre située entre les étages du logis seigneurial.

A l'heure actuelle, l'idée de fondation perpétuelle a subi une atteinte funeste. Il ne faut plus compter, vu l'instabilité des choses, sur une absolue perpétuité de prières. Et si un jour revit le moyen légal de faire des fondations comme autrefois, il sera malheureusement sujet aux confiscations futures.

Les Cremillères devinrent une col de Mission-

g***

naires, grâce à la générosité de la famille d'Effiat en 1772-75. C'est de là, que partirent un certain nombre de Tourangeaux pour la Guinée Méridionale, ou le commerce d'esclaves se faisait sur une vaste échelle ; leurs noms sont inscrits dans la Capitale de Loango, tandis que les orages de notre Révolution, les ont effacés à jamais de leur ancienne résidence.

Depuis, d'autres missionnaires sont partis de différents points du territoire de la France, afin de remplacer ceux qui ont remporté les palmes empourprées du martyre, ne se laissant point abattre par les persécutions. Ils moissonnent et sèment en même temps, mais la joie de celui qui moissonne n'est que la récompense de celui qui a semé, et qui trop souvent n'a même pas vu reverdir les épis du sillon.

C'est un fait évident que le Christianisme est de toutes les religions connues celle qui de tous les temps a enfanté les plus sublimes et les plus héroïques dévouements. Du pied de la croix, l'armée des martyrs se lève, marche, étend toujours ses conquêtes par le signe de la Rédemption, dans les milieux qui semblent les plus réfractaires à nos idées et à notre civilisation.

Jadis la Croix était l'arbre d'ignominie, le supplice des esclaves, mais depuis que ce supplice est devenu glorieux par la mort du Sauveur du Monde, l'humanité reconnaissante voue à la croix un culte, qui ne finira qu'avec les Temps.

UN ACTE DE LA PUISSANCE DIVINE

EN TOURAINE

PAR SAINT PATRICE, APÔTRE DE L'IRLANDE

Sur le penchant de la colline qui se prolonge au-delà de Langeais, s'étend le domaine de Saint-Patrice, dont le fief fit partie du marquisat de Rochecotte, érigé sous Louis XIV, en faveur de Fortuné Guillon de Rochecotte.

De ce lieu, on jouit d'une vue ravissante sur le cours de la Loire, grande route nationale de Saint-Etienne à Saint-Nazaire.

Les Gallo-Romains, si amoureux de luxe et de confort, y eurent de bonne heure des villas de plaisance et des jardins délicieux.

La navigation du fleuve appartient au moyen âge à la corporation des Marchands fréquentant la Loire. Le jeton de cette association devenue toute puissante, représente un Mercure s'appuyant sur un vieillard couché au milieu de roseaux, d'une urne s'échappe une eau agitée avec la légende : « Pour la communauté des marchands fréquentant la rivière de la Loyre ».

Si un rayon de soleil illumine, en été, les vignobles de la plaine au sol fertile, abondant en pâturages et en céréales, un rayon de soleil éclaire en hiver les taillis des coteaux glacés par la gelée blanche, comme sous un semis de diamants, et les enrichit d'une végétation toute méridionale.

Dans ce domaine de Saint-Patrice aux verdoyantes frondaisons, le touriste comme l'herboriseur peuvent s'engager dans une des allées discrètes, composées d'arbustes de différentes essences, se croisant pour former de nombreuses pyramides de verdure, ou se courbant comme des vagues sous la brise en murmurant d'harmonieuses litanies.

Dans une clairière, jadis solitude profonde, est un buisson d'épine noire qui a bravé le temps et qui présente tous les ans une particularité fort curieuse.

Vers la Noël, il se pare de fleurs, alors que les arbrisseaux de son essence sont dépourvus de tout développement. Il est vrai que la neige qui tombe quelquefois en flocons épais sur cette contrée, disparait aussitôt sous les rayons d'un soleil généreux.

Nos pères regardaient ce lieu comme un endroit *quasi* sacré; ils venaient pieusement chercher des fleurs odorantes qui croissaient sur l'arbuste épineux, arbre mystérieux servant de palladium sous ce coin du beau ciel de France.

C'est là, que la légende commence, légende chrétienne qui élève l'homme vers des régions plus pures, tradition chantée par la lyre populaire et répandue de foyer en foyer.

* *

Depuis quinze siècles, saint Patrice, l'apôtre de l'Irlande n'est point oublié en Touraine. Sa mère n'était-elle pas nièce de saint Martin? Le thaumaturge des Gaules, faiseur de miracles, saint Martin et saint Patrice annoncèrent la parole de Dieu avec une éloquence admirable, dans leurs diverses missions, travaillant à l'extinction de l'idolatrie qui régnait presque universellement, pénétrant jusqu'aux endroits les plus reculés sans craindre les dangers auxquels ils s'exposaient.

Saint Patrice qui s'acheminait vers Tours sans se plaindre de son rude labeur, s'était endormi un soir sur la terre couverte d'herbe et pour ainsi dire émaillée de fleurs se balançant comme des encensoirs.

Que se passa-t-il pendant son sommeil? Les anges du ciel voulurent-ils égayer son réveil, ou abriter la tête du saint homme?

Quand saint Patrice ouvrit les yeux, il trouva son bâton noueux fortement enraciné, portant à merveille, des feuilles et des fleurs qui l'ombrageaient tout entier.

Il remercia Dieu de ce miracle, abandonnant son bâton à la Providence et poursuivit sa marche vers la grande ville, réfléchissant en secret sur les manifestations insondables de la Bonté divine à son égard.

Et depuis ce jour, la hache du bûcheron ne fait que raviver les jeunes ramures dont les puissantes racines trouvent sans cesse une force et une vigueur surnaturelles. Une main bienfaisante a élevé près de ce buisson une chapelle champêtre dédiée à saint Patrice, en souvenir de cette touchante tradition locale.

Ne quittons pas ce coteau sans donner un coup d'œil aux ruines de la vieille église du parc de Chabrolles.

En suivant le chemin aux contours larges et adroitement ménagés, on arrive à un monument qui présente un certain intérêt à l'archéologue chrétien.

C'est une antique église dépendant d'un prieuré fondé au xie siècle et soumis aux moines de l'abbaye de Noyers.

Les murs plusieurs fois restaurés et élargis, que le lierre recouvre de ses mille bras, se cachent mystérieusement comme un nid de colombes, au plus épais des bois. Là, s'élève comme une des colonnes milliaires, le mur tenace de la vieille tour carrée qui poursuit le cours de sa destinée bien propre à éveiller de philosophiques et de pieuses pensées.

Aux temps passés, les bateliers de la Loire y dirigeaient leurs regards en portant le revers de la main à leur bonnet pour saluer avec respect la croix qui console.

Aux temps présents, hélas! il n'en est plus de même.

AUX FALUNIÈRES DE TOURAINE.

Les grandes falunières de Touraine sont une preuve évidente que notre contrée fut submergée par la mer aux temps préhistoriques. La mer y forma comme un golfe et les eaux, en se retirant, établirent le lit du fleuve de la Loire, tout en laissant sur les hauteurs des témoins de leur antique séjour.

Les géologues ont reconnu l'existence de ce golfe dans notre région jusqu'à l'embouchure du fleuve d'une part, et vers la Somme qui se jette dans la Manche, d'autre part. C'est ainsi, du reste, que dans la péninsule de Bretagne et en Basse-Normandie, gisent de prodigieux amas de coquilles identiques à nos faluns.

A cette époque, antérieure aux temps historiques, le pays, qui fut depuis l'Angleterre, n'était pas séparé de la France par le détroit du Pas-de-Calais, et, en supposant que Tours et Londres eussent alors existé, de courageux émigrés auraient pu se rendre à pied d'une ville à l'autre.

Le refoulement des eaux vers l'Océan et la Manche, a été attribué au soulèvement de la chaîne des Alpes. Les ingénieurs-géographes nous ont laissé des documents intéressants. Sur une carte, dressée par Jean Jolivet (atlas d'Ortels), Luçon est représenté au bord de la mer; Marans à proximité de l'estuaire de la Sèvre et de la Vendée, sur la carte de Pierre Roger, 1570.

Dans une charte de 1216, Maillezais en Vendée, figure comme port où les bateaux chargeaient et déchargeaient leurs marchandises.

L'île de Vix, donnée par Agnès de Bourgogne à l'abbaye de Saintes, est aujourd'hui à une distance de plus de 20 kilomètres de la mer.

L'île de Noirmoutier, qui commence à paraître historiquement, à propos de la fondation du *Monasterium Negrum*, par saint Philbert, en 680, était, à cette époque l'*insula Herins*, et l'île d'Oléron n'était pas aussi considérablement éloignée de la terre.

Les faluns sont des dépôts formés de bancs de coquilles marines fossiles, mélangées avec de nombreuses dents de squales. On retrouve ces dépôts avec des caractères variables, sur divers points du département d'Indre-et-Loire; ils y sont connus, il est vrai, sous différents noms, selon les localités. C'est ainsi qu'à Savigné-sur-Lathan et à Rillé, les anciennes fortifications furent construites avec des moellons dits « pierres de Crouas », alors que les tours du Chatelier, à Paulmy, et les murs du château de Grillemont, à la Chapelle Blanche, sont construits avec des pierres à faluns.

Non loin de Cursay, sur la Dive (Vienne), j'ai trouvé des tombes mérovingiennes faites avec un mortier mêlé de sable des faluns; les ossements ont été l'objet d'un examen sérieux de la part d'hommes les plus éminents par leurs talents.

Les Conchyliologistes ont exploré en tout temps avec intérêt, ces amas de coquilles, dépourvues de leur nacre, mais appartenant à la branche des mollusques, comme ils ont aussi exploré le terrain conchylien des deux Sèvres, renfermant des ammonitides. Ces coquilles font partie du terrain *tertiaire* et de l'étage *miocène* d'où l'homme est absent.

Mais, chose étrange, dès l'âge de la pierre polie, l'arsenal de la parure est presque au complet, tant le goût des ornements est naturel à l'homme, et plus encore à la femme, à qui la coquetterie prête souvent une grâce de plus. Aussi, dans les cavernes et les dolmens, a-t-on trouvé des ornements d'oreilles, de ceintures et de colliers, formés de faluns (cypraca pynun, pectunculus, glycemeris, arca).

Cet usage des amulettes n'indiquerait-il pas des superstitions. On aime à penser que les premiers hommes qui leur supposèrent des vertus extraordinaires, ne paraissent avoir eu en vue qu'un culte religieux.

On sait que Bernard Palissy, célèbre potier émailleur et savant, s'inspira de nos faluns en les faisant figurer comme motifs de décoration dans ses œuvres de Céramiste.

MM. Dollfus et Ph. Dautzenbert, ont publié des travaux sur les mollusques des faluns, d'après les découvertes les plus récentes, et l'ouvrage sur *les faluns de la Touraine*, par la comtesse Pierre Lecointre, attire de nouveau l'attention des savants. Les collections de faluns en son château de Grillemont, comprennent un grand nombre d'espèces des plus rares

De nos jours, les falunières sont exploitées à l'instar de la marne, pour fertiliser les terres froides et argileuses du pays, qu'on serait obligé de laisser en friche ; cet usage remonte, dit-on, à Bernard de Chauvelin, intendant de Touraine, apportant ainsi une révolution dans l'agronomie du pays. Sur divers points du territoire, le falun sert encore pour bâtir, faire du mortier et sabler les jardins et les cours.

Sur ce même territoire, vers l'an *mille*, Geoffroy le Barbu, comte de Touraine, fonda, dit-on, un prieuré au Louroux, sous le vocable de saint Sulpice.

Un différend ayant éclaté à propos de certains biens dépendant de l'abbaye de Marmoutier, entre le prieur et le seigneur de Sainte-Maure, l'affaire fut portée devant l'autorité ecclésiastique qui décida par ordonnance, que le prieur justifierait de ses revendications par l'épreuve du fer rouge, du droit qu'il prétendait avoir en l'espèce.

A cette époque de luttes continuelles, le petit cherchait à s'étendre aux dépens du grand, et le grand résistait vigoureusement aux attaques du petit.

L'épreuve eut lieu au château de Sainte-Maure, en présence des témoins délégués des deux parties, qui devaient assister au *jugement de Dieu* et en dresser acte.

Quoique la loi autorisa les membres de l'église à se faire remplacer dans ce cas par un homme de bonne volonté, le prieur, après les cérémonies accoutumées, tint à exécuter lui-même le parcours indiqué, en portant dans sa main, un fer incandescent.

La main qui avait tenu le fer fut ensuite enveloppée de linges et scellée. Lorsque, trois jours après, on enleva les bandelettes, les délégués constatèrent qu'il n'y avait sur la peau aucune trace de brûlure. Ce résultat donna gain de cause au prieur qui fut déclaré légitime possesseur.

Ce jugement était fréquemment employé au moyen âge, afin d'arriver à la vérité dans les affaires tant civiles que criminelles. Dans un ancien rituel provenant de l'abbaye de *Cormery* et faisant partie de la Bibliothèque de Rouen, on trouve les formules que l'on prononçait à l'occasion des épreuves dites (Jugements de Dieu). Certaines communautés, à qui on payait un droit, avaient le privilège de conserver en dépôt les instruments bénits et réservés pour les épreuves.

Un chroniqueur facétieux raconte que ce même prieur, qui avait reçu de la nature le don de seconde vue, ayant surpris un maraudeur qui, après avoir commis maints dégâts dans la communauté, ne pouvait retrouver son chemin, lui envoya un de ses disciples, doué d'une grande charité, afin de le guider, à la condition qu'il ne reviendrait plus.

L'étang du *Louroux*, l'un des plus vastes du département et appelé aussi étang des roseaux s'écoule dans l'Echandon, affluent de l'Indre et faisait partie des terres de la Chatellenie.

Jadis aux temps des poétiques fictions on admettait volontiers des communications secrètes entre l'homme et ses esprits qui hantaient les rives de l'étang.

On racontait que lorsque les jeunes filles les plus avenantes s'attardaient aux veillées égayées par des énigmes et d'autres jeux d'esprit durant la mauvaise saison, elles voyaient parfois devant elles un blanc troupeau semblable à un nuage vaporeux. La science brutale et septique par expérience a reconnu que le phénomène est dû aux matières en décomposition.

Malheur aux puériles et jolies curieuses qui avaient l'envie de poursuivre ce feu follet au clair de lune ; car, aussitôt séduites, elles disparaissaient à tout jamais, tel le serpent fascine un oiseau en le regardant obstinément.

C'est encore la terreur de ce souvenir qui fait désigner un certain gouffre du nom de *Puits des Vierges*, tellement nous redoutons plus la douleur que nous n'aimons le plaisir. Et depuis les grands arbres seuls continuent à étendre leurs bras tordus, les uns vers le ciel, les autres vers la terre suivant que la rafale les y contraints : aussi, en cette austère solitude gardant ses profondes harmonies, la plus légère agitation de l'air y devient-elle insupportable à l'esprit et presque aux sens.

C'est encore sur ce vaste terrain des faluns que s'élève la chapelle de *Pierbois* ou fut déposée, d'après une pieuse légende, l'épée de Charles-Martel, prince des Francs, qui, sous la bannière de saint Martin, fut vainqueur du farouche Abdérame entre Tours et Poitiers, épée que Jeanne d'Arc vint reprendre quand Dieu l'appela à délivrer les provinces de France du joug des Anglais.

Cette épée marquée de cinq croix en l'honneur des cinq plaies de Notre-Seigneur, n'aurait-elle pas appartenue à un Chevalier croisé ?

Il était une coutume, tombée en désuétude, avant de quitter les saints lieux, de se tatouer et de se faire imprimer sur le bras, les cinq croix de Jérusalem, c'était là un diplôme de pèlerin. Les marins se faisaient aussi graver une croix sur le bras, afin que dans un naufrage, ils fussent inhumés comme chrétiens.

Charles VIII acheva de faire construire ce sanctuaire de Fierbois, qui devint l'église paroissiale de Sainte-Catherine-de-Fierbois. Son style ogival flamboyant en fait un joyau parmi nos monuments religieux.

Le grand manoir bâti par le maréchal Boucicaut sur le fief de Commacre, a disparu avec sa physionomie guerrière. Sur son emplacement s'élève un château de construction moderne ou l'élégance du style est à hauteur de la somptuosité de l'ameublement; ainsi le veut l'évolution des hommes et des choses.

SAINTE MAURE

Les fictions du paganisme ont évoqué et célébré toutes les douleurs, mais nulle n'a profondément touché l'humanité que la douleur maternelle, tel la fable de l'antique *Niobé* stupéfiée par la terreur devant la mort violente de ses enfants percés des flèches d'Apollon et de Diane.

Le christianisme a sa Niobé plus pure, auréolée du martyre, c'est sainte Maure qui vit ses enfants tomber sous le glaive de la soldatesque gothique au ive siècle. Il y a des mères qui ont eu quelquefois le pressentiment de la grandeur de leurs enfants.

C'est un bonheur de connaître l'histoire de ces héros, comme on connaît l'héroïsme de sainte Félicité, à Carthage, qui sous l'empereur Marc-Aurèle souffrit le martyre avec ses sept fils.

Maura était issue d'une famille illustre appartenant à la grande nation germanique. A cette époque les Germains s'étaient portés sur le Danube, pour se jeter sur l'Empire Romain, c'était au moment ou s'accomplissait l'invasion des Huns, conduits par le cruel Attila.

Maura devint veuve ; rien désormais ne put la distraire de sa douleur ; les faux dieux qu'elle adorait la laissait sourde aux consolations humaines. Apprenant que sur les bords de la Loire, aux frontières de l'Aquitaine, dans la ville de Tours (Cesarodunum) vivait un pieux évêque, nommé Martin, dont la terre était remplie du bruit des merveilles dont Dieu comblait l'humilité de son serviteur, elle prit la résolution d'aller lui demander le baptême. Accompagnée de ses neuf enfants, elle se met en route pour la Gaule, et vient se présenter devant le Prélat des *Turons*, qui occupait un haut rang parmi les plus puissants seigneurs de la province, lui demandant avec instance de la faire chrétienne, elle et ses fils.

Ce fut un jour béni pour l'auguste mère lorsqu'elle parut sous les voûtes de la basilique de Tours, mais ce n'était hélas ! que le prélude d'orages terribles qui allaient fondre sur cette vertueuse famille.

Le roi des Goths ayant eu connaissance des desseins du voyage de Maura vers les contrées au couchant du Rhin, où régnait la religion du Christ, lança sur sa trace une troupe de sicaires chargés d'ordres criminels, pour le cas ou elle refuserait d'abandonner ses projets.

Les cavaliers Goths rejoignirent la chrétienne et ses fils, alors qu'ils reprenaient le chemin de leur pays, tout en suivant les voies romaines se dirigeant vers le plateau limité par les cours d'eau de l'Indre, de la Creuse, et de la Vienne.

Lupus, Bénigne, Béatus, Spanus, Marcellien, Messarius, Tridorius, Principianus, et Genitor furent enveloppés par la troupe haineuse et arrêtés, mais, décidés à ne pas rétracter les serments de leur foi, ils recueillirent la palme du martyre.

Loin de trembler pour leurs jours, Maura imitant Salomone, cette mère des Machabées vainqueurs des tyrans, elle vit successivement ses neufs fils mourir devant elle, avant d'être frappée elle-même par le glaive des soldats Romains.

Dieu semble avoir revêtu ces mères d'une sorte de sacerdoce en leur inspirant tant d'héroïsme par lequel elles ont si généreusement sacrifié leur vie. La mémoire de ces martyrs sera éternelle et leurs noms seront répétés de génération en génération.

En leur payant le juste tribut de notre admiration, ils sont devenus les vocables de diverses bourgades. Par leur immortel triomphe, les fils de sainte Maure, ont changé de nationalité, ils appartiennent bien à la Touraine par leurs actes et... par leur sang qui est mêlé à la poussière du chemin.

Une belle crypte de différents caractères se développe actuellement sous le sanctuaire de l'église paroissiale de la commune de Sainte-Maure. En ce lieu de retraite sacrée, comme une antichambre de la tombe, on y distingue au chevet, une crypte romane, dépendante de l'ancien château construit par Foulques, comte d'Anjou avant l'an *Mille*. Selon une tradition, ce lieu est regardé comme lieu du martyre.

Une autre chapelle sépulcrale est attenante et faisait partie, par droit héréditaire, de la chapelle seigneuriale des hauts et puissants seigneurs de Sainte-Maure, dont le château féodal couronne le plateau.

Sur le sommet de la colline, à l'est de la ville, est une chapelle moderne, lieu de pèlerinage où l'on vient vénérer les reliques d'une autre sainte Maure et de sa compagne sainte Britte, dont saint Grégoire de Tours, parle dans son livre *de la gloire des martyrs*.

Saluons ces femmes d'une vie exemplaire, qui participent de la gloire éternelle; car, c'est un souvenir de plus qui se rattache à l'église. Là, le drapeau et les bannières religieuses confondent leurs plis et mêlent fraternellement leurs couleurs aux jours fériés. Les fenêtres laissent voir du ciel une lumière parcimonieuse; le silence de la colline y verse une paix profonde à l'âme, qui, au milieu des plaisirs trompeurs et des amertumes de la vie, ne perd jamais entièrement la soif de manifoster sa foi. Lancée d'un cœur humble, la prière y monte vers les cieux comme un trait acéré ; elle perce la nue où Dieu se cache et en fait descendre la grâce comme une pluie fécondante sur une terre desséchée. N'en déplaise aux athées du xx⁰ siècle, mais la question sociale n'existerait pas si le Christianisme était compris et pratiqué.

Arciacum avait été le nom primitif du pays où s'élève maintenant un gros village ou une petite ville, comme on voudra. Sous son apparente modestie, on y sent je ne sais quelle richesse de bon aloi et n'en déplaise au monopole, j'aime la concurrence, chacun y gagne. Le plateau central au sud de la Loire, a conservé le nom de plateau de Saint-Maure, le chemin de fer dont les lignes suivent les courbes du terrain, jette dans l'air les hâlètements de ses machines pendant qu'aux jours fériés, les bannières flottent au vent et nous parlent d'espérance. Les jours qui passent sont pleins de menaces pour l'Eglise de France elle-même, mais l'âme se réjouit et s'ouvre à la confiance, en voyant le peuple recourir toujours à l'intercession de ceux qui participent à la gloire éternelle pour obtenir des consolations par la prière qui est une des plus grandes puissances du monde, bien que l'œil de l'homme, soit incapable d'en percevoir les effets.

AUX ATELIERS DE SILEX

Aux âges qui précédèrent l'apparition du Bronze, dans les différents pays du globe, appartiennent les monuments mégalithiques improprement appelés *Celtiques* dans les Gaules, *Druidiques* en Grande-Bretagne.

Ces énormes blocs erratiques furent arrachés aux flancs des montagnes et entraînés à la suite des nombreuses commotions et des gigantesques ébranlements de l'époque *magdalénienne*. Aux lieux où ils échouèrent, tout en conservant leurs angles intacts dans cette débâcle grandiose, les peuples primitifs les utilisèrent dans leurs migrations, tantôt comme pierres de sacrifices, tantôt comme mausolées.

Les fouilles faites dans divers tumulus semblent établir d'une manière décisive que les dolmens ne seraient que des inhumations avec chambre sépulcrale. De là, les noms donnés à certains lieux comme: cimetières des fées, des pucelles.

Franchissons les siècles, et retournons en arrière!

Avec les peuples nomades apparaissent les exploitations du *silex*, qui furent dans l'histoire de l'humanité une glorieuse étape, une de ces périodes demeurées dans une obscurité qu'on a pu longtemps croire impénétrable. Or, les ateliers de la pierre taillée semblent avoir pris en Touraine, un développement tout particulier entre les bassins formés des cours d'eau de la *Claise* et de la *Creuse* tributaires de la Vienne, qui a son confluent à Candes avec la Loire.

Honneur aux savants et aux chercheurs infatigables qui ont débrouillé cet amas confus et légué aux siècles leur étonnante découverte. Leurs curieux travaux de science, couronnés de succès, ont permis aux historiens, géologues, paléontologistes, de fixer l'attention, châtiant parfois la malice du public qui s'était de fois à autre, égayée du hasard de leur nouvelle découverte.

. Les gisements de *nucléi* ou de rognons prismatiques taillés, prouvent surabondamment qu'ils furent utilisés comme instruments de travail, de pêche et de chasse. La première flamme ne jaillit-elle pas de la percussion réciproque de deux silex!

Nous possédons une preuve évidente du séjour de l'une des premières races humaines dans le département d'Indre-et-Loire; car, l'âge de la pierre n'a été l'apanage d'aucun peuple, mais représente une période de la culture humaine. L'homme était là, avant l'histoire, avant la légende, dans ce passé brumeux où s'effacent tous les souvenirs.

La taille et le polissage du *caillou*, prodige de l'effort génial de nos ancêtres, c'est la tablette authentique que la poussière des âges n'a point improvisée; car, la couleur des siècles est inimitable.

Un intérêt mystérieux s'accroît de tout l'intervalle qui nous sépare de cette enfance de l'humanité, si bien caractérisée du nom « d'âge de la pierre ». Combien il est regrettable que ces peuples n'aient laissé aucuns écrits sur des briques, à l'instar des peuples de l'ancienne Asie.

La Bible fait allusion aux instruments en *silex* qui étaient en usage quinze siècles avant notre ère, et nous fournit des renseignements précieux. On lit, en effet, dans le livre de *Josué*, que Dieu avait prescrit l'opération de la Circoncision par les couteaux de pierre (*cultros lapideos*) dans l'*Exode*, que Séphora, femme de Moïse, se sert d'une pierre tranchante, aiguë, pour circoncire Eliézer, son fils, et depuis, tous les peuples s'en servirent également.

Il semble bien que l'exploitation du silex s'est maintenue pendant une longue suite de générations, et que cette stagnation a dû être longue, principalement sur le territoire des communes groupées dans la partie méridionale du département. Sur leur territoire, s'étendait naguère de vastes forêts, où *Hésus*, dieu des chênes, était honoré; *Belem* dieu du feu et l'Apollon Gaulois y avaient des sanctuaires; dans l'interprétation des noms de certaines localités, on pourrait rechercher le souvenir de *Camul*, dieu de la guerre.

Nos musées se sont enrichis de ces pauvres ustensiles, rares et grossiers hiéroglyphes des premiers possesseurs du sol, qui parlèrent le même langage primitif, qui dût paraître sur la terre, langue qui a eu sa vie embryonnaire, son enfance, son âge adulte et ses métamorphoses, lors des migrations, en attendant l'art de représenter la pensée par des signes ou des caractères, qui n'apparut que plus tardivement. C'est là un fait mystérieux qui ne sera jamais éclairci suffisamment pour notre curiosité. Les collections particulières de quelque importance comprennent un outillage varié : des haches ébauchées ou polies, grattoirs, scies, couteaux, pointes de flèches, aiguilles, un véritable arsenal qu'on a nommé depuis l'*âge de la pierre*, fruit d'un travail raisonné et levant le voile qui enveloppe nos origines. Quelques pointes de flèches minuscules sont si merveilleuses qu'on les prendraient plutôt comme des bijoux, des ornements, des amulettes.

Un de nos regrettés collègues que la mort a fauché trop

tôt, Auguste Sergent, au cours de sa vie, avait collectionné un certain nombre de petits silex, précieuses reliques de l'époque paléolithique. Sergent, avec son imagination ardente, crut voir dans la taille de ces silex des figures d'hommes, d'animaux, de poissons intentionnellement travaillés par un artiste magdalénien. La révélation primiti.e était l'unique histoire que les hommes eussent à apprendre et à enseigner à leurs enfants. Quinze tablettes, comprenant 471 sujets, forment une collection que je dois à la libéralité de la veuve de mon savant ami; elle peut être rangée à la suite des nombreux spécimens d'instruments en silex, en attendant que sa fiction soit reconnue comme une réalité; car, comme l'a dit C. Saint-Hilaire, la couronne du novateur est une couronne d'épines, eh bien ! Sergent aura eu l'avantage d'ouvrir un horizon nouveau.....

On rencontre sur certains points de notre région, comme à Chambray, à Esvres, des haches polies, brisées intentionnellement et portant des traces de feu, preuves irrécusables d'un mobilier funéraire, en absence de toute poterie accusant une sépulture. L'usage de brûler les corps, que les Gaulois pratiquaient encore du temps de César, a contribué à faire disparaître leurs restes, comme nos descendants jugeront qu'à notre époque, les animaux devaient être peu nombreux par la disette d'ossements qu'ils trouveront, par suite de notre industrie de noir animal.

Les peuples nomades de l'époque *magdalénienne*, la dernière des époques géologiques, comme ceux de l'époque *Robenhausienne*, la première des temps modernes où apparaissent les dolmens, ont eu le respect des morts, qui est inné chez tous les peuples de l'univers.

C'est à cette époque non définie, mais déjà pleine de luttes, pendant lesquelles les âmes se fortifiaient à l'école du péril, que les idiomes des nations ainsi que les premiers signes de la pensée auraient paru, puis seraient venues les découvertes du feu, l'exploitation des mines ou l'art de tremper, durcir et forger les métaux.

Malheureusement, avec l'essor de la civilisation, le premier crime de Caïn se perpétua dans les querelles et les discussions intestines, l'art de s'entretuer progressa en même temps. De nos jours encore, à chaque crépuscule et sous un point quelconque du ciel, une traînée sanglante rappelle que le crime et la mort sont entrés dans le monde.

La question de l'origine de l'homme semble dériver de ses faits. L'homme est un être privilégié dans sa formation; car, il est l'homme et non le fruit d'une évolution animale. Si la zoologie voit en l'homme, l'espèce supérieure des *Primates*, la psychologie note des traits qui ne conviennent qu'à l'homme; il a été homme dès le commencement, son industrie, la taille de ses instruments, sa civilisation si rudimentaire, soit-elle, sa religiosité, ses ossements sont humains.

Dieu est l'auteur de sa création; l'Etre suprême, l'architecte de l'Univers a formé l'homme libre et sa conscience a le choix entre le bien et le mal, entre la vérité et l'erreur.

AU CHATEAU DE LOCHES

Un pays présente un tout autre aspect quand on a fouillé les annales de son histoire.

Le château de Loches était au moyen âge une des plus importantes forteresses de la France. Baigné dans une atmosphère brumeuse qui l'enveloppe mélancoliquement, comme ce donjon est imposant avec ces sombres créneaux, veillant depuis des siècles dans son austère solitude !

Il est impossible d'en franchir le seuil sans en ressentir des impressions.

Les murailles parlent de mystères, et les cachots du martelet, de cage de fer ; l'imagination est hantée de visions sinistres ; car, en ce domaine féodal, on menait une sorte de vie à part.

Les princes Mérovingiens et Carlovingiens se disputèrent la possession de cette antique forteresse, qui subit de meurtriers assauts. Elle devint la cause d'une rivalité entre les comtes d'Anjou et les rois de France, et un poste militaire des plus importants sous Richard Cœur de Lion, Philippe-Auguste, Louis IX ainsi que pendant la querelle des Armagnacs et des Bourguignons.

Les gouverneurs s'y rendirent célèbres, par leurs exploits militaires en exerçant un pouvoir quasi royal ;

le bourdonnement do la Cité et la rumeur populaire mouraient doucement au pied de ses remparts.

En parcourant les grandes pièces des logements destinés aux usages de sa garnison, on est surpris tant de leur structure massive, que de la vaste étendue de l'ensemble de la forteresse. Dans les nombreux et étroits passages, on croit entendre le son adouci des sifflets d'argent, avec lesquels les ordres étaient transmis, ou les battements de main par lesquels on appelait les gens. Aux salles remplies d'air glacial, succèdent des voûtes dont l'entrée est défendue par des portes qui ont résisté à l'injure du temps.

La forteresse servit de *prison d'Etat* et l'on ne peut se défendre d'un serrement de cœur. Il semble que l'on n'ait qu'à frapper les pierres ridées, pour qu'elles laissent échapper le secret des douleurs des captifs, qui avaient été la proie d'une mort lente. Les inscriptions qu'on peut lire dans les cachots sont encore une curiosité. Oh! que de pleurs ont été versés dans ces hideuses sépultures d'hommes vivants !

Thibault, comte de Champagne, battu par Geoffroy Martel, au combat de Nouy, en vue de Saint-Martin-le-Beau, le 22 août 1044, y fut détenu avec plusieurs seigneurs de son parti, jusqu'au jour où le comté de Tours passa sous la domination des comtes d'Anjou, pour n'en plus sortir que par sa réunion à la couronne sous Philippe-Auguste.

Sous Louis XI, c'est Pierre de Brézé, disgracié, qui y est interné avant la bataille de Montlhéry où il fut tué.

C'est son ministre, le cardinal J. de La Balue, qui livre les secrets du roi à Charles le Téméraire ; sa perfidie ayant été découverte, il fut enfermé dans une cage de fer, qu'il avait inventée sous la garde d'Olivier-le-Dain qui fut nommé moins gouverneur que geôlier du château. Le cardinal délivré par les sollicitations de

Sixte IV, revint en France avec le titre de Légat, pendant que Olivier-le-Dain, sacrifié à la haine populaire, fut pendu à l'avènement de Charles VIII.

C'est le Sire de Commines, politique et historien qu'Anne de Beaujeu fait emprisonner dans la même cage de fer, pour avoir trempé dans les entreprises du duc d'Orléans.

C'est Ludovic Sforza, dit le More, qui, déconcerté par la victoire de Charles VIII à *Fornovo*, est arrêté par la Trémouille, général de Louis XII à la suite d'une seconde invasion française, et y meurt après dix ans de captivité ; la pierre gravée s'est durcie avec les rafales d'hiver, qui ont séché l'humidité ruisselante de la voûte rappelant autant de larmes.

C'est encore le duc Charles d'Elbeuf de la maison de Lorraine-Guise, qu'il compromis dans les troubles du règne de Henri III, à la journée des Barricades est enfermé au château de Loches depuis les Etats généraux de Blois, où fut assassiné Henri de Guise jusqu'en 1591.

C'est son petit-fils Emmanuel Maurice, prince d'Elbeuf, alors au service de l'Empereur d'Allemagne, qui, possesseur du château de Portici, fit faire les premières fouilles, devant aboutir à la découverte d'Herculanum, ensevelie par l'éruption du Vésuve l'an 79.

Combien d'autres prisonniers inconnus, qui n'apprenaient le changement des saisons que par la bouche de leur geôlier !

Sur l'emplacement de la plupart des forteresses de la féodalité — exemple la Bastille — ô ironie du Destin ! on peut dire aujourd'hui : « Ici l'on danse ». Mais au Donjon de Loches on y gémit toujours.

Sortons des entrailles de ce lieu fortifié où les voûtes sont plus tristes, plus désolées, plus funèbres les unes que les autres, où de terribles pensées, de redoutables appréhensions, vous assaillent comme en un rêve ; où le cliquetis des armes avec le bruit des chaînes et des barres de fer, se confondent en un mélange de sons assourdissants, où les détenus inconnus entassés dans ces cachots, poussaient sous leurs voûtes souterraines d'inutiles rugissements ; car, l'on semblait ne plus se souvenir qu'ils fussent des hommes.

Quittons ces ténèbres et passons au château de Loches, où nous évoquerons la gracieuse figure d'Agnès Sorel.

*
*   *

Charles VII appelé par dérision tout d'abord le *Roi de Bourges* tant sa cause semblait désespérée, perdait gaiement son royaume au milieu des plaisirs. Sous son règne de hautes murailles, des portes et des tours s'appuyèrent aux fortifications du château de Loches, comme l'attestent les portes dites des *Cordeliers* et *Picoys*.

A la pointe nord se trouve le château royal (aujourd'hui Sous-Préfecture), qu'habita Charles VII, qui eut le duché de Touraine comme Dauphin. On y remarque l'oratoire d'Anne de Bretagne et le tombeau d'Agnès Sorel.

En cette histoire du xve siècle, à la fin de la guerre de Cent ans, de luttes suprêmes et d'enthousiasmes héroïques, de réveil du sentiment national, Agnès Sorel relève le courage de Charles VII et en fait presque un grand roi, en même temps que Jeanne d'Arc, la virginale et glorieuse héroïne, expulse les Anglais du royaume, et gagne à Charles le surnom de « Victorieux ».

Qui ne se rappelle le portrait d'Agnès Sorel, aussi familier à l'esprit que celui d'un enfant aimé avec passion.

Née à *Fromenteau*, ancien fief de la province de Touraine, elle en prend d'abord le nom, qu'elle échange bientôt pour celui de Dame de Beauté, nom qu'elle porta non seulement par coquetterie, mais pour remercier le roi du don qu'il lui fit un jour du château de *Beauté* dans le domaine de Vincennes. Cette munificence royale était la réciprocité de ses charmes et de la grâce dont elle savait user pour le bien du royaume. Tout ce qui touchait au roi émotionnait la belle favorite, aussi bonne que belle ; c'est ce qui la rendit vraiment populaire et inoubliable dans l'histoire.

Non seulement les châteaux qu'elle a habités, mais les endroits où elle s'est promenée, les villages, les cités qu'elle a seulement traversées, sont l'objet d'un souvenir d'aimable curiosité.

Vers la fin de l'hiver 1449, Agnès Sorel se rendit au château de la Guerche, transformé par Charles VII, en un boudoir mystérieux, pour sa cousine Antoinette de Maignelais, courtisane de grande joliesse, aussi adroite qu'insinuante. Là, elle apprit qu'un jeune fauconnier, en compagnie de sa fiancée, dressait, sur la lisière de la forêt de la Guerche, des faucons pour les chasses du roi, quand un loup vint les attaquer, et les mordit si cruellement, que la compagne du jeune page mourut des suites de ses blessures.

Le roi, touché de l'affliction de son jeune écuyer, et sous l'inspiration d'Agnès Sorel, fit élever une chapelle rustique à l'endroit même où le malheur était arrivé.

On raconte ensuite que le jeune fauconnier périt accidentellement, et fut inhumé au même endroit, aussi sur un cartouche on lisait ces vers :

« Catholique chrétien, cheminant par ce lieu,
« Veuille faire pour eux prière à Dieu. »

Cette chapelle devint par la suite le sanctuaire de *N.-D. de Prélong*, ou, les gens du comté venaient prier pour leurs bienfaiteurs. Aujourd'hui, c'est un lieu désert où les détours sinueux du chemin disparaissent sous des haies vives.

On dit que la Belle des Belles, aimait à venir s'y reposer et à s'y recueillir. Seule des maîtresses du roi, Agnès Sorel a été utile au Prince et à sa Patrie. Elle força les seigneurs de la cour à la reconnaissance, et se vengea du pays en lui rendant son indépendance et son roi. La supériorité de quelque nature qu'elle soit, excite toujours l'envie.

Impliquée dans une conspiration ourdie contre Charles VII, le poison vint arrêter brusquement la haute fortune d'Agnès Sorel. Son dernier soupir s'exhala au château de Masnalla-Bella ou du Mesnil, près Jumièges, en Normandie.

Son âme plana, dit-on, longtemps au-dessus des tourelles sous la forme d'une comète traînant sa queue flamboyante.

Tout ce qui avait touché la personne de sa maîtresse devint relique pour le roi ; cette mort violente lui arracha des sanglots. L'amour brisé ! l'ingratitude de son fils, l'effroi de l'avenir, jetèrent Charles VII dans un sombre désespoir, et il se laissa mourir de faim dans la crainte d'être empoisonné

Le cœur et les entrailles d'Agnès Sorel furent déposés à l'abbaye de Jumièges, et son corps fut inhumé à la Collégiale Saint-Ours de Loches, sous la garde sainte des chanoines, qui disparurent avec la tempête révolutionnaire.

Le tombeau d'Agnès Sorel est renfermé comme en un écrin dans un pavillon de la sous-préfecture, le temps a jeté sur ce marbre comme un linceul de calme, telle la lueur fugitive d'un sourire en face d'un malheur. Le rayon de gloire, dont le génie des poètes a illuminé la figure de cette favorite, répand un reflet de paix sur ce monument, et un éclair de beauté sur cette page d'histoire.

Le 8 mars 1780 eut lieu une première translation du tombeau avec cette condition expresse de respecter tout ce qui pourrait rester dusquelette et n'en rien détourner. La tête seule avait conservé sa forme, ses dents et sa chevelure.

Depuis 1806, celle qui fut la Dame de Beauté sommeille dans sa tombe à quelques pas du chœur de cette église collégiale, dont l'enchaînement des événements publics l'a chassée. C'est une funèbre revanche d'adversaires, dont les propres tombeaux ont à jamais disparu.

Au sud de la sous-préfecture, se trouve la Collégiale Saint-Ours, édifice d'une étrange beauté.

Saint-Ours (Ursus) appartient à la Touraine par ses actes. Ce pieux anachorète eut la rare fortune d'être célébré par le Père de notre histoire, Grégoire de Tours. Au commencement du vi⁰ siècle, cet apôtre, natif de Cahors, ville très florissante sous les Romains, vint se fixer en cette solitude, et y jeta les fondements d'un monastère, alimenté par un moulin à eau sur l'Indre. Saint-Grégoire, comme historien, décrit ce moulin avec une sorte d'admiration, vu l'extrême rareté des machines qui ménageaient les forces des moines, en évitant de les dépenser en fatigues inutiles. Il était d'usage que les hommes comme les bêtes de somme, fissent tourner les meules. N'avons-nous pas les exemples de Samson et de Plaute.

Ce monastère fut un germe que les vents emportèrent, mais qui fructifia. Et bientôt, en effet, la contrée se couvrit d'un riche manteau d'abbayes dont les lambeaux épars attestent l'antique magnificence comme leurs épaisses murailles créquelées et leurs ruines complètent la mélancolie des paysages.

La Collégiale Saint-Ours, fondée par Geoffroy Grisegonelle est actuellement l'église paroissiale. Elle s'élève sur l'emplacement d'une antique chapelle; ce n'est qu'au retour des Croisades que l'usage s'établit d'élever plusieurs autels en nos églises.

Les hommes ont mis un sourire où le temps avait fait des ruines, qui en somme sont la fin de toutes les choses humaines.

Ce fut vers le milieu du XIIe siècle, que le prieur Thomas Pactius fit remplacer le lambris par une voûte divisée en dômes (dube) ou pyramides, à l'instar de l'église Saint-Front-de-Périgueux. Le porche est surmonté d'un clocher massif dont la flèche est en pierre; une autre pyramide entourée de quatre clochetons, couronne la tour centrale. Ces tours évidées en pans aigus, rappellent l'art Bizantin et font songer à la poésie du christianisme.

La vie d'en-bas, vie pleine de larmes, ou l'âme se débat dans les luttes contre le mal, et la vie d'en-haut, vie éternelle de repos, de lumière et de joie.

La ville était au domaine des comtes d'Anjou. lorsque Geoffroy y fit déposer un précieux trésor consistant en une *ceinture de la Vierge*, envoyée de Constantinople à Charlemagne et dont hérita Charles le Chauve, alors roi de France et empereur d'Allemagne.

L'étoffe tissée au métier est formée d'une chaîne en soie et d'une trame en fil de lin retord; de chaque côté se détache une bordure violette, des lettres grecques sont tissées aux deux extrémités; sa longueur est de deux mètres sur trois centimètres de largeur.

Plusieurs villes possèdent également une ceinture de la Vierge, au Puy-Notre-Dame; à Quentin dans les Côtes-du-Nord; à Maëstrick, en Hollande; à Tortosa en Espagne.

Au moyen âge, les barons de Preuilly, jouissaient de la faveur de baiser cette ceinture, lorsqu'ils entraient à la collégiale Saint-Ours.

Sous les arceaux de l'église de cette collégiale, durant que la cour des Souverains avait sa résidence en Touraine, des princes, des princesses royales défilèrent et y vinrent prier.

C'était Philippe d'Anjou rejoignant son royaume d'Espagne, Elisabeth de France, fiancée au duc de Parme, Dona Maria, lors des réjouissances de son mariage avec le Dauphin Louis, etc.

Près du porche, vous ne rencontrez plus que quelques pauvres hères demandant l'aumône. Qui sait si Dieu n'a laissé des malheureux, des disparités parmi les hommes, afin de leur donner la joie de se consoler, de se secourir et de s'aimer ?

Si nous, Catholiques, n'oublions pas les indigents, ce fut Senèque, précepteur de Néron qui prononça ces mots admirables de fraternité universelle qui le rapprochent du Christianisme : « Le malheureux est chose sacrée » !

SIMON DE BRION

NÉ EN TOURAINE,
ÉLU PAPE SOUS LE NOM DE MARTIN IV
1281-1285

Le Souverain Pontife, Martin IV, connu dans le monde sous le nom de *Simon de Brion*, était d'origine française. D'abord Chancelier sous Louis IX, il vint en France avec le titre de Cardinal Légat, afin d'offrir les couronnes de Naples et de Sicile à Charles d'Anjou, frère du roi de France, qui, en raison de l'éclat de ses vertus fut nommé Sénateur de Rome.

Cette page historique fait souvenir des armoiries de Louis IX, *semées de fleurs de lis*, et celles de Blanche de Castille, *aux tours castillanes*, figurant dans une haute verrière du XIII° siècle, au chœur de la cathédrale Saint-Gatien, à Tours, et rappelant leur réception solennelle en cette ville, le 20 février 1226.

On sait que ce ne fut qu'à l'avènement de Charles VI, que les *trois fleurs de lis*, en l'honneur de la Sainte-Trinité apparurent sur l'écu royal. C'est donc à cette époque qu'il convient de faire remonter le blason de Tours. Louis IX aurait encore fait concession au chapitre de Saint-Martin de la haute justice du bourg de Chateauneuf, 23 novembre 1263, et faisant à Tours frapper des *gros tournois* avec la légende : *Turonus civis* pour *civitas*, avant d'entreprendre la huitième Croisade en promettant aux Seigneurs rangés sous sa bannière des dangers et de la gloire. Ce fut dans cette expédition que le pieux roi mourut à Tunis. L'auréole de saint Louis est la vraie figure de la maturité du moyen âge ; sainteté qui rayonne au front de Blanche et de son fils qui s'honorait d'être le *Sergent* de J.-C., et semble avoir placé la mère et le fils au-dessus des éloges de l'histoire.

Le Saint-Siège étant devenu vacant par la mort du Pape Nicolas III, *Simon de Brion* fut élevé au souverain pontificat et prit le nom de Martin, en souvenir de Saint-Martin de Tours, dont il avait été chanoine trésorier de la Collégiale.

Il n'occupa, du reste, le Saint-Siège que quatre années qui furent bien remplies.

L'intervention des Papes dans les affaires temporelles des Princes au moyen âge est constante. On les reconnaît, en effet, comme arbitres naturels de tous les différents, ce qui créa en leur faveur, une suzeraineté suprême dans le système féodal ; de sorte que, l'autorité des Papes fut un frein qui retint les souverains dans le devoir et une protection qui mit à couvert la vie et la liberté des peuples, tellement la parole du Pape était et reste toujours une puissance mondiale. Martin IV déposa donc Pierre d'Aragon et transmit son royaume à Charles de Valois, deuxième fils de Philippe III de France et d'une sœur de Pierre. Il excommunia l'empereur Michel Paléologue. Sa dépouille mortelle reposé dans la cathédrale de Saint-Laurent à Péronne, où l'on garde l'anneau de mariage de la Sainte Vierge Marie, qui fut découvert sous le Pontificat de Grégoire V, au xe siècle, sa matière est tirée de l'onyx, pierre assez commune en Palestine.

La famille de Brion appartenait à la classe noble de la Touraine, et Nicolas de Brion est cité comme le premier seigneur connu du fief de la *Carte*, sur le territoire de *Ballan* au xiii⁰ siècle. Les fils de ce seigneur sont qualifiés chevaliers dans diverses chartes. Guillaume et Gilles de Brion firent partie du conseil royal sous Philippe, dit le Hardi.

Les historiens indiquent bien sa nationalité française, d'une manière générale mais aucun ne précise le fait. Tel est Bernard Gui (Liber pontificalis) de Ratina *De bitis Pontificum Romanorum* qui l'appelle Tourangeau *Turonensis*. De Villani (histoire de France) qui le dit de Tours en Touraine, « *da Torto in Torena di Francia.*

Néanmoins, un certain nombre d'historiens trompés par la similitude du nom latin « Simon de Bria », ont conclu qu'il était champenois, et deux chroniqueurs français : Guillaume de Nangis et Godefroid de Collon s'appuient là-dessus pour en faire un champenois !

Des auteurs modernes ont cherché à affirmer que Simon de Brion est né à Bray (aujourd'hui Reignac), sur l'Indre, en ce territoire même appelé Champeigne Tourangelle. C'est, qu'en effet, cette localité, dès le xi⁰ siècle était connue sous le nom de *Brixis, Breis Bresius* (cartulaires de *Cormery* et de *Noyers*).

Martin IV n'oublia pas qu'il était Français. A signaler ce trait de lui. Il détestait tellement les Allemands (Theutonicos) raconte un chroniqueur d'outre-Rhin, qu'il eût désiré être métamorphosé en grue et eux en grenouilles dans un marais, afin de pouvoir les croquer à l'aise. Peut-être se souvenait-il de ces sectaires fantaisistes allemands qui avaient rattaché à l'ante-Christ la fable de la papesse *Jeanne*, native de Mayence dont ils firent un personnage imaginaire sons le nom de Jean VIII, et que la critique moderne est parvenue à exclure de l'histoire des Papes.

6**

J'entends des voix ennemies s'écrier : Ne viendra-t-il pas un jour ou l'on pourra dire enfin : Voilà le dernier pape ! oui, mais vous ne le verrez point ; il ne viendra qu'à la fin des temps, quand J.-C. apparaîtra lui-même pour le jugement dernier : car, alors, Il n'aura plus besoin d'un représentant visible sur la terre en la personne de son vicaire.

En attendant, le combat est pour la terre, le repos pour le ciel. Hélas ! le cri des Galiléens sur le point de périr sur les eaux du lac de Génézareth reste toujours la figure de l'église et de ses adversaires. Elle aussi navigue sur une mer tumultueuse, et si au sein de la tempête, il semble parfois que le Maître dorme, il n'oublie pas les siens ; c'est à l'heure ou tout paraît périr que le Christ se manifeste et sauve l'esquif. Si ballottée soit l'Eglise, elle garde la promesse qu'elle échappera aux orages.

A L'ANCIENNE CHARTREUSE
Saint-Jean-du-Liget.

Non loin de Montrésor ou s'élevait jadis un château flanqué de tours et entouré de douves, dont la construction est attribuée au haut et puissant seigneur connu sous le nom de Foulques Nerra, au xie siècle, il existait un des plus anciens monastères de la province, legs de plusieurs siècles de foi.

Montrésor (*Mons Thesauri*) rappelle une tradition mérovingienne : le roi Gontran aurait trouvé en cet endroit, des richesses enfouies dans le sol pendant les luttes intestines de la Neustrie et de l'Austrasie.

Ce ne fut qu'au déclin du xiie siècle, que des religieux de l'ordre de Saint-Bruno s'établirent sur le territoire de Chemillé en une solitude appelée *Le Liget*.

Ce lieu éloigné du bruit du monde, aurait été cédé par l'abbé du monastère de Villeloin-sur-l'Indrois, à la sollicitation pressante d'Henri II, roi d'Angleterre, ce monarque aux farouches vertus, voulait y fonder une communauté religieuse en réparation du meurtre commis sur l'archevêque de Cantorbery, Thomas Becker, frappé au pied des autels où il allait officier, en l'an 1170,

Si Dieu seul est juge des intentions secrètes de l'âme, il y a de la grandeur dans l'humiliation de ce prince reconnaissant son erreur et réparant un déni de justice.

Si dans le principe cet établissement ne dût recevoir

que quelques religieux, le nombre s'en accrut par la suite avec les nombreux privilèges accordés aux Chartreux par les rois de France.

On sait que dans les monastères, au moyen âge, le travail des mains alternait avec la prière chantée au chœur, aussi la calligraphie fut-elle en honneur surtout au XII° et XIII° siècles. Il existait à cet effet un *scriptorium*, vaste salle d'étude réservée aux chroniqueurs, aux copistes et aux dessinateurs. Là, se rédigeaient les cartulaires, les chartes; là, se transcrivaient pour les propager, les chefs-d'œuvre de l'antiquité, les manuscrits, les bibles, les missels, les rituels, les évangéliaires, les antiphonaires, qui étaient enluminés de pieuses et délicates miniatures, puis reliés avec beaucoup d'art et de richesse.

L'art d'écrire ne remonte pas à une haute antiquité; car, si nous jetons un coup d'œil plus en arrière, nous voyons qu'au premier siècle de notre ère, il était encore défendu aux Juifs de transmettre les commentaires de la loi par écrit, ils se bornaient à la tradition orale qui était le seul moyen d'instruction, la forme universelle de l'enseignement.

D'un autre côté, les caractères écrits n'ont tenu que peu de place dans l'œuvre des fondateurs du christianisme; les apôtres ne prirent point la peine d'écrire, ils estimaient bien autrement important le ministère de la parole, et le Christ lui-même n'a point écrit, ni fait écrire, ni recommandé d'écrire.

Plus tard, sous les Empereurs romains sous lesquels eurent lieu les persécutions sanglantes contre les chrétiens, ces derniers durent se garder d'écrire, afin de ne pas attirer l'attention des hommes d'Etat. La loi du secret obligeait les chrétiens à taire leurs mystères, et leurs écrits eussent été autant de preuves décisives apportées par un accusateur.

Quelques apôtres n'ont écrit que par nécessité, incomplètement et accidentellement.

De même, en Arabie, les paroles de Mahomet se sont conservées pendant plus d'un siècle à peu près par la seule voie de la tradition, et ce sont les légistes et les théologiens qui ont fait le système de la *Sunna* qui gouverne encore aujourd'hui le monde musulman.

Enfin la science des traditions l'*Isnad* fut aussi, comme les autres, longtemps enseigné uniquement de vive voix.

De la Chartreuse Saint-Jean-du-Liget, dépendait une tour fortifiée, appelée la *Courroierie*, où les religieux resserraient le produit de leurs dîmes.

Des douves profondes entouraient cette forteresse qui malgré les travaux de défense fut enlevée plusieurs fois.

Au xıv^e siècle, les moines s'y étaient retranchés, mais durent traiter de leur reddition avec le chef des troupes anglaises. A cette époque les rois avaient autorisé les moines à contraindre les campagnards à faire le guet et la garde dans les monastères. C'est ainsi que la forteresse de la Courroierie fut réparée et fortifiée à diverses reprises, afin de prévenir toujours de nouvelles attaques.

Les Huguenots, sous la conduite des capitaines Dubignon et Beauvoisin, s'en emparèrent et la livrèrent au pillage. Cette troupe impie y commit des excès et des profanations incroyables; leur fureur s'acharna surtout contre l'église. Les haines étaient trop profondément enracinées entre les deux parties pour qu'elles ne se réveillassent pas à la première occasion. Les guerres fratricides de religion ne furent qu'une suite de drames où les passions brutales provoquèrent un embrasement général, tellement le poison de l'erreur avait gagné la société.

Les foyers d'insurrection étaient innombrables ; car l'impiété est une plaie qui dissout la famille et dévore la société.

Une soldatesque effrénée composée de reîtres et de vagabonds, forcèrent à coups d'arquebuses les portes des monuments religieux, et ces bandits ne surent respecter ni le dernier asile des morts, ni les barrières du sanctuaire.

Les vainqueurs, semblables aux vautours, trépignaient de joie sur le corps de leurs victimes. Aussi les catholiques usèrent-ils de représailles plus tard contre les protestants qui s'étaient rendus coupables de tels excès. Les archives nous fournissent maints exemples d'exécution en effigie au xvie siècle.

« Un condamné à la potence s'étant évadé, le Bailli prononça qu'il serait pendu en une figure à un poteau qui serait dressé devant la maison forte de la Cóurroierie, sur la chaussée de l'étang, près du Carcau. »

Cet autodafé en usage dans la péninsule espagnole, ne paraît pas être usitée en France. Cependant un jugement rendu par le tribunal, à Tours, en date du 28 juin 1791, porte que le mandement de Mgr de Conzié, chef de la province ecclésiastique de Touraine, serait lacéré et brûlé publiquement, sentence qui fut exécutée le 2 juillet sur la place de l'Hôtel-de-Ville, par l'exécuteur des jugements criminels, un nommé Sanson, à qui devait échoir plus tard l'affreuse mission de décapiter Louis XVI.

Il montra au peuple la tête de ce noble et malheureux prince en la promenant autour de l'échafaud, et la populace y répondit par un long cri de joie et de douleur. Que le sang du roi, versé par le bourreau ne retombe pas sur d'autres que sur ses juges et leurs complices !

On sait que la mort du roi fut votée par *Dupont* (*Jacob*), d'Indre-et-Loire, alors membre de la Convention nationale. Son nom est à jamais collé au pilori de l'ignominie. Quelque temps avant l'arrestation du roi, le colonel Bruley, commandant la légion de la garde nationale à Tours, en mission au nom de la municipalité de la ville, avait offert au roi comme gage de l'attachement de la population à la personne royale, un anneau d'or enrichi de brillants qui avait été donné à l'abbaye de Marmoutier, par Henri IV, au lendemain de son sacre, ayant été oint de la Sainte Ampoule de Marmoutier qui avait un sens mystique très élevé.

Le roi qui ne portait pas de bague, porta volontiers cet anneau le jour de la Confédération; aussi ce que Voltaire a écrit de saint Louis, l'histoire le dira de Louis XVI : « Il n'est pas donné à l'homme de porter plus loin la vertu ». Quand en effet, Malesherbes vint annoncer à Louis XVI qu'il était condamné à mort. il ne put maîtriser ses sanglots : « Ne pleurez pas, dit le roi, à son ancien ministre, nous nous reverrons dans un monde meilleur ». Et après l'exécution du roi, 21 janvier 1793, son défenseur put s'écrier : « Il est donc vrai que la religion seule peut inspirer une parfaite sérénité en un tel moment ».

On sait que Malesherbes lui-même, monta sur l'échafaud l'année suivante.

Ce furent-là, d'abominables désordres qu'il faut reconnaître, en gémissant sur la corruption de ce malheureux siècle. Huguenots du xvi° siècle, révolutionnaires du xviii° siècle, socialistes de notre temps, l'étiquette seule a changé, c'est la même rage contre Dieu et son Christ, les mêmes saturnales impies qui se préparent.....

Tout ici, de ce que fut la Chartreuse, s'est métamorphosé. La courroierie est actuellement une construction pleine d'originalité que couvre l'ombre des grands arbres.

S'il ne subsiste plus rien d'important de l'ancienne abbaye de Villeloin, que l'église paroissiale de style roman, il nous reste de la Chartreuse du Liget, une chapelle en forme de rotonde, comme une reminiscence de ces temps religieux déjà loin, ainsi que quelques pans de murs qui craquent et s'effritent, revanche de la nature immortelle et toujours vivante sur les œuvres artificielles et périssables des hommes.

Respect au malheur !

Une treille de lierre tombant en ondoyante chevelure étreint de ses cent bras ses murailles aux pierres muettes, qui se dépouillent de leur enduit pour en faire la vie ; les ogives béantes du cloître désormais désert, évoquent cette mélancolie mystique, et ce recueillement religieux qui élèvent l'âme à Dieu.

Une habitation moderne a été édifiée près de ces ruines isolées, ou de petits végétaux naissent, s'épanouissent et meurent sur les murs qui s'en vont en poussière ; des bouquets d'arbres plantés avec art, ombragent les alentours et perfectionnent la nature ; les appels bruyants des enfants se mêlant aux brises des fleurs, ont succédé aux actes calmes et monotones des moines. On y rencontre parfois des jeunes gens qui se disent en confidence ces mille riens, qui à leur âge, tiennent une si grande place dans la vie. C'est en un mot, un spectacle de vie et de fraîcheur, qui est plein de charme et de poésie, jusqu'au moment ou le soleil descendant lentement à l'horizon, et que tout rentre dans le silence de la nuit, ce sommeil imposant de l'immortelle nature.

AUX ENVIRONS D'YZEURS.

Une église vient d'être reconstruite à Yzeurs, sur les confins du département d'Indre-et-Loire et aux rives de la *Creuse*.

Elle remplace un ancien édifice religieux, où furent inhumés sous leurs bancs seigneurials, divers membres des familles de Penon et de Montbel, dont les cercueils furent détruits pendant la tourmente révolutionnaire, par ces fauteurs de troubles, qui ne se doutaient pas que l'anarchie est le tombeau de la liberté.

Des ouvriers terrassiers, lors des fouilles entreprises en 1805, mirent au jour, un grand nombre de fragments de blocs de pierres sculptées, pierres mythologiques gravées en creux, remontant à la fin du IIe siècle, et derniers vestiges d'un temple païen, qui subsista jusqu'au ve siècle.

La province était à cette époque, le théâtre de combats entre les Alains et les Wisigoths, entre le paganisme expirant, et le catholicisme naissant.

On rapporte que ce fut pendant le calme qui succéda à ces troubles, que saint Eustoche, évêque de Tours, vint fonder à Yzeurs, une première église sur le lieu, ou s'élevait le temple dédié à Minerve, un édit de l'empereur d'Occident, Valentinien III, ordonnant de démolir les temples païens dans tout l'Empire, afin d'élever à leur place, le trophée glorieux de la Croix.

Sur les fragments des blocs de pierre a été retrouvée une inscription.

Voici cette inscription, telle qu'elle a été interprétée. Les mots entre parenthèses manquent comme faisant partie d'un bloc perdu.

Le pluriel *Augustorum* indique que le gouvernement était entre les mains de deux Césars, le second n'étant qu'associé à l'Empire, comme sous le règne de Marc-Aurèle et de L. Verus.

Numinibus Augustorum
Et deae Minervae
M. Petroni... Milli Fili
(Aras et ae) dem cum Suis
(Ornemanti) s quam Pater Pi (e)
(Dedicav) erat **D. S. P. C.**

Ce qui veut dire : Aux divinités des Empereurs et à la Dé.. Minerve, les fils de M. Pétronius ont consacré ces .els (il y en a deux), et ce temple avec ses sculptures, que leur père pieusement avait dédié de son argent.

Après avoir joué un certain rôle, à l'époque Gallo-Romaine, le territoire d'Yzeurs fut encore le théâtre de rencontres sanglantes à l'époque mérovingienne, Gontran, roi d'Orléans, l'un des fils de Clotaire Ier, venait de fonder un deuxième royaume d'Orléans, qui disparut bientôt pour faire place au royaume de Bourgogne. Le duc Réginalde son vassal en fuyant devant les généraux Didier et Bérulfe qui commandaient les armées de Chilpéric, se vit forcer à repasser la rivière la *Creuse* guéable alors comme aujourd'hui, près du croisement limitrophe des trois départements d'Indre-et-Loir, de l'Indre et de la Vienne.

Près de ce gué, un chemin gaulois traverse la déclivité du terrain au centre duquel est un dolmen ou, à son ombre protectrice jadis, les guerriers gaulois venaient évoquer les cendres des héros qui durent tressaillir plus d'une fois aux cris d'alarme.

Grégoire de Tours, comme historien, nous présente des peintures de l'état des esprits et des mœurs de son temps ; il nous raconte qu'un voleur ayant pénétré dans l'église d'*Yzeurs*, par une fenêtre ayant un châssis de bois, enleva les vitres et les ayant brisées pour en extraire le métal précieux infusé dans la pâte du verre, afin de lui donner diverses couleurs, il ne put parvenir à les faire fondre et n'en tira rien.

Ce trait prouve qu'en notre province, l'art du verrier (vitrarius) était déjà fort avancé au vie siècle.

Le territoire d'Yzeurs, formait au moyen âge un fief relevant du château de Tours, à foi et hommage lige. Jean-Samuel d'Harambure, chevalier, seigneur de la *Chevrie*, l'acquit vers la fin du xviiie siècle et en rendit hommage au roi. Il comparut à l'assemblée de la noblesse de Touraine.

Le château d'Harambure est aussi un ancien fief relevant de la baronnie de Preuilly. Il se nommait autrefois *Granges* et son origine remonterait au xiiie siècle, il passa dans la famille d'Harambure par le mariage de Marie-Anne de Moussy, avec Paul d'Harambure, chevalier seigneur de *Romefort*, des *Augères*, et de la *Chevrie*, mousquetaire du roi (contrat du 7 novembre 1715). De ce mariage, naquit une longue lignée avec ces inclinations généreuses qui affranchissent l'âme de toute autre loi que celle de ses devoirs. Par une ordonnance royale de 1814, le marquis d'Harambure fut autorisé à donner son nom à la terre des Granges.

Cette vaste maison de plaisance incrustée comme une mosaïque dans l'émail d'une verte pelouse aux frais ombrages, rappelle cette vie de grand seigneur aimant la chasse à courre. Rendez-vous qui inspire la joie à toute cette noblesse avide d'amours et de divertissements. L'écho bruyant des meutes excitées par de hardis cavaliers courant le cerf, apportait le bruit du monde comme autrefois le vautrait du prince Carloman. Il est de tradition que Carloman y périt d'une manière tragique, en attaquant le sanglier avec ces levriers si recherchés, et qu'on échangeait contre un cheval de bataille; c'était au lendemain où il venait avec son frère Louis, délivrer la contrée des ravages des Normands.

Ces grands bois aux hautes futaies conservent toujours je ne sais quels charmes par les délicieuses brumes transparentes de l'arrière-saison, alors que les feuilles d'automne prennent les couleurs dorées et cuivrées que le vent emporte dans les nombreux plis de ses froids tourbillons.

La chapelle du château mentionnée au registre de visite du diocèse de Tours en 1787, renferme entre autres reliques, un fragment d'une *pierre historiée*, provenant de la chambre de sainte Cécile, des catacombes de Rome, témoignage de haute considération d'un Prince de l'Église, pour remercier les libéralités généreuses des châtelains d'Harambure, continuant les glorieuses traditions d'une race vaillante, plus touchés de l'honneur que de l'intérêt, aussi peu capables de souffrir une injustice que de la commettre.

On conserve aussi au château avec des attentions délicates, une *épée* dont j'ai touché avec respect la poignée, elle fut offerte par un homme de guerre qui s'impose à l'admiration du peuple à d'Harambure, commandant les chevau-légers de sa Garde, et qui avait rendu de grands services à la cause de Henri IV, lors du combat d'Aumale, où les troupes royales avaient éprouvé un échec, mais qu'il empêcha de tourner en un revers, haut fait, que ses aïeux auraient applaudi.

Jean d'Harambure, avait épousé la sœur de Tallemant, le maître des Requêtes; il perdit la vie en 1639, au combat de la Route, près de Casal, avant le secours conduit par le comte d'Harcourt.

Cette belle arme rappelle encore un autre souvenir, l'abjuration du roi entre les mains du grand aumônier de France, Renaud. Cet acte si important, ralliait à lui la nation fatiguée des guerres désastreuses de la Ligue; car, la France a toujours demandé un roi catholique, n'est-elle pas la fille aînée de l'Eglise.

Au Moulin-aux-Moines, un barrage retient les eaux profondes et poissonneuses de la Creuse, où l'on aime à se bercer mollement dans une barquette. Dans le souffle du zéphir, on croit distinguer encore le chant mélodieux d'une cantilène du moyen âge. Et sur les bords dentelés aux caprices des eaux se reflètent les branches flexibles des grands arbrisseaux que le hasard a planté avec cet art heureux qui appartient souvent à la nature.

Au moyen âge, les seigneurs dont les forteresses s'élevaient sur les cours d'eau exerçaient des droits féodaux fort curieux. C'est ainsi que les meuniers de la vallée de la Creuse, dépendant de la Baronnie de Preuilly, étaient tenus le jour de la Trinité, de prendre leurs perches et de s'en aller tirer la *quintaine*. Cette solennité consistait à rompre à l'avant d'un bateau, trois perches contre un poteau fixé au milieu du lit de la rivière. Un vin d'honneur était offert par le seigneur aux vassaux qui prenaient part à la quintaine.

Sur le territoire de cette commune qui confine à celui de la commune de Saint-Pierre-de-Tournon, s'étendait le fief de Gaudru, qui passa vers la fin du xviiie siècle, aux mains de Stephanopolis-Démétrius de Comnène, issu de l'illustre famille Comnène, qui a donné six Empereurs de Constantinople et dix Empereurs de Trébizonde.

Vers Bossay, s'élevait naguère la chatellenie de *Cingé*

dont il ne reste que des ruines, mais qui réclame l'honneur d'avoir vu naître un personnage parvenu à la royauté au xvii° siècle, en la personne de Claude Bonaventure de Crevant, le 14 juillet 1629 et qui devint prince et roi d'Yvetot, par son mariage avec Marie d'Appelvoisin, héritière de cette couronne équivoque. Cette famille d'une importance éphémère s'est éclipsée totalement.

UNE EXCURSION A PREUILLY.

***

Un castrum sous le nom du Lion fut construit vers la fin du **x**ᵉ siècle, par un seigneur dont les descendants furent de hauts feudataires, qui attachèrent leurs noms comme bienfaiteurs des abbayes de Preuilly où étaient conservées les reliques de saint Melaine, évêque de Rennes, de la Merci-Dieu en Poitou, et de la Chartreuse du Liget.

Ce château ruiné par les bandes de Foulques Nerra, fut relevé de son état de dépérissement par Pierre de Montrabel, seigneur de la Roche-Posay. La forteresse assiégée de nouveau par Henri II, roi d'Angleterre, fut contrainte de se rendre, mais la fermeté d'âme du gouverneur lui valut la considération du vainqueur. Il fut nommé ambassadeur, près de Louis VII, comme ce Roi partait pour la deuxième Croisade.

A cette époque, le monnayage baronnal comprenant les monnaies sur lesquelles on lit les noms des Barons, voire même des Évêques, prit une grande extension avec ces expéditions. C'est ainsi qu'*Echivard*, deuxième du nom, seigneur de Preuilly, fit abandon de son droit de cent dix livres et ces sous prirent le nom de *Sous-Echivards*.

Les seigneurs de Preuilly se trouvent mêlés aux guerres qui éclatèrent sous les Plantagenets. Vassaux à la fois du comte de Touraine, devenu roi d'Angleterre et du roi de France, ils durent servir la cause de l'étranger. Le régime féodal, avait apporté tant de perturbation dans les idées de nationalité que ces chevaliers-bannerets, remplissaient un strict devoir en prenant fait et cause pour l'un ou l'autre de leur suzerain.

Leur bannière était portée dans l'armée du roi, mais ils étaient obligés d'amener à leur suite 50 lances, sans y comprendre les archers et les arbalétriers, ils partagèrent les lauriers cueillis à Bouvines.

Par droit féodal ils étaient encore chanoines de la Collégiale Saint-Martin, ce titre était transmissible à leurs successeurs qui en jouirent jusqu'à la Révolution. Mais le plus grand privilège de cette noblesse était de porter l'Etendard d'azur de Saint-Martin, en l'absence des Comtes d'Anjou, comme nous voyons saint Louis, faisant porter la vraie Croix par l'évêque de Saint-Jean-d'Acre, à la bataille d'Hattin. Et devant Ascalon nous dit Robert du Mont, le Patriarche portait la croix du Christ qui était devenue l'étendard de l'Europe et Ponce tenait la lance qui perça le flanc du Seigneur.

Dans le cours du XIVe siècle, le château fortifié soutint plusieurs sièges et les anglais le démantelèrent. Néanmoins les *Fourches patibulaires* à quatre piliers, quatre pomestes s'élevèrent sur ses ruines, jusqu'à Pierre Frottier qui augmenta considérablement ses défenses. Le mal a pour cause le mauvais usage de la liberté. Lors de l'ère sanglante des guerres civiles, qui désolèrent nos contrées au XVIe siècle, le château tomba par trahison, aux mains d'un détachement de troupes protestantes, commandées par le nommé Chesne-Brulé, enseigne du capitaine Belon, gouverneur du château d'Angles, en Poitou. Les chevaliers de la Tremblaye et de Rouvray en défendant cette place, y périrent en héros avec les gens du guet.

Ces protestants ravagèrent l'abbaye Saint-Pierre, aujourd'hui église paroissiale ; on y remarque une déviation systématique de l'axe dans laquelle l'architecte a voulu retracer la figure du Christ encore vivante au corps ; car, le monument s'éploie tout d'un côté en s'inclinant. Cette déviation d'axe en usage au moyen âge est des plus frappante, en la cathédrale d'Albi où cette même déviation existe dans les trois axes correspondants à l'image des membres inférieurs, du corps et de la tête, du Sauveur du monde.

Les nobles sires de Preuilly, ont brillé avec éclat aux âges de la féodalité ; ils se sont enivrés et des plaisirs bruyants des tournois et du sang des batailles, et pourtant cette antique maison, après avoir compté autour des ses hautes murailles, dans tous les villages environnants une armée puissante d'écuyers, de feudataires, a disparu avec le démembrement de la Baronnie de Preuilly en 1790. L'oubli pèse froidement sur la mémoire de ces seigneurs, comme la pierre sépulcrale sur leurs cendres.

Et de cette fière forteresse féodale, quasi royale, il ne reste que les débris du donjon, sentinelle muette de ces temps héroïques, ainsi que des fragments d'ouvrages, des lambeaux de remparts dépouillés de leur couronne de créneaux. Respectons ces vieux murs, leurs tronçons nous enseignent les sciences, le goût, la religion et les mœurs de nos aïeux !

Des châteaux modernes s'élèvent sur les sites pittoresques ; ils n'expriment plus cette féodalité dominatrice, défiante, mais une subordination ouverte, souriante, ne cherchant son prestige que dans la noblesse de ses procédés et de ses bienfaits. Des arbres séculaires se confondent avec les taillis couronnant les flancs des coteaux et en font d'agréables résidences. Les machines agricoles dans les champs, les automobiles sur les routes, font entendre leurs cris stridents comme jadis les échos répétaient le cri de guerre des hauts et puissants Barons, auxquels répondaient les voix des vassaux.

UN RAID

Vers la Roche-Posay (Vienne).

La Roche-Posay, non loin du Temple Romain élevé à la déesse Minerve à Yzeurs, ne pouvait être ignorée des vainqueurs de la Gaule, néanmoins ses eaux minérales signalées par Michel-le-Riche ne furent mises en vogue que par Milon, médecin de Henri IV et de Louis XIII.

Ces sources ont inspiré ce quatrain :

« Par pitié pour l'être qui souffre
« Dieu d'une source en a fait trois,
« On puise ici, fer, nitre et soufre
« Et l'on se guérit à son choix ».

Cette localité est située sur la rivière de la *Gartempe* dont le cours dans notre département n'est que de 8 ou 9 kilomètres pendant lesquels elle le sépare du département de la Vienne. C'est une de ces petites villes qui s'élèvent avec fierté par l'éclat de leur passé au-dessus de l'humble position que la centralisation moderne leur a faite. L'aspect de la cité éveille le souvenir de ses anciens seigneurs, dont les noms se mêlent à l'art militaire de la féodalité, aux croisades, aux luttes de la guerre de Cent ans, aux querelles religieuses. L'histoire de la contrée est intimement liée aussi à la province du Poitou dont les plaines fertiles ont été les plus anciens champs de bataille.

La chatellen'e de la Roche-Posay fit partie longtemps de la *Brenne* dépendant de la Touraine et s'étendant à *Chatillon*, à *Mézières*, à *Pouligny*, à *Vic*. La Brenne ne fut réunie au Berry que par la formation des généralités qui formèrent les ressorts des bureaux des finances.

Le courage, l'épée et le génie seront toujours les instruments dont Dieu se sert pour l'exécution de ses plans divins. Les milices féodales se soulèvent bientôt à la voix française d'Urbain, de ce pape soldat qui sut remuer les cœurs des foules, les faisant frissonner comme se courbent sous la brise les épis des moissons mûres.

Les croisades sont des épisodes éloquentes dans l'histoire des nations de l'Europe; car, elles ont laissé d'inépuisables souvenirs. Elles furent pour toute la chrétienté comme un de ces coups de tonnerre qui accusent des frémissements, des agitations violentes et laissent les hommes dans la stupeur.

Geoffroy de Preuilly et de la Roche Posay accompagne le frère du Roi Philippe Ier dans son expédition entreprise contre les infidèles vers Constantinople et Antioche et entre dans Jérusalem le 15 juillet 1099.

Geoffroy périt glorieusement devant Ramla, attaquée par une armée du Sultan d'Egypte.

Sa mort fut une véritable calamité ; car, il s'était promis de ne donner aucune relâche aux infidèles qu'il ne les eut entièrement vaincus. Il prétendait qu'un homme de guerre ne devait mourir que les armes à la main.

Cinq siècles plus tard, la poésie et la musique de Méhul ne célébraient-elles pas cette idée dans le Chant du Départ : « Mourir pour la Patrie, c'est le sort le plus beau, le plus digne d'envie ».

Au moment où s'accomplissait ce fait remarquable,

la France était à la tête des nations, elle offrait l'état social le plus heureux et le plus prospère jusqu'à la longue et sanglante scène des guerres de Cent ans, où la fortune de la France semble disparaître. Les ruines de nos anciens édifices sont des témoins des efforts héroïques accomplis par la nation française pour secouer le joug de l'étranger et recouvrer son indépendance.

On est porté à croire que tout a été dit sur la guerre de Cent ans, vaine illusion ; car, si les actes des princes sont assez généralement connus, seule l'existence des hommes sortis du peuple, restent encore dans l'ombre, malheureusement notre époque qui vit de destruction et semble n'aimer que le néant, n'est pas faite pour les faire revivre. Il faudrait une main habile pour réunir en un tout, les récits épars çà et là, par morceaux dans un grand nombre de recueils peu connus ou disséminés dans des publications éphémères.

La campagne de 1356 est un vivant souvenir de l'histoire, témoin de ces temps. Elle eut pour théâtre de la guerre, la partie méridionale de la province de la Touraine qui confine à la partie septentrionale du Poitou.

Ce fut au milieu de circonstances désastreuses que le roi de France, Jean, se porta de Paris à Chartres, puis sur Blois et Amboise. Sa marche sur Loches força le prince de Galles à battre en retraite et à évacuer la Touraine par la vallée du Cher.

Les évènements se précipitent, l'armée française gagne La Haye, sur la Creuse, ou elle rallie ses contingents dispersés. Cent vingt ducs ou comtes, cent quarante bannières se groupent autour de la maison royale et des princes du sang.

Le 16 septembre, les corps d'armée en se dirigeant sur Chauvigny, atteignent Montmorillon. Par cette pointe audacieuse, la retraite de l'ennemi semblait coupée sur la Guyenne ; car, l'armée française avait dépassé au delà, le territoire occupé par les forces anglaises, comme plus tard Napoléon à Montereau.

Le Prince noir, campé à la *Roche de Maupertuis*, près Beauvoir, offre la bataille, mais le roi Jean ne parvient pas à rompre les lignes anglaises dont les flèches perçaient les cuirasses et les harnais de fer des chevaux. Le roi de France est fait prisonnier avec son fils Philippe, à peine âgé de 15 ans, et auquel on décerna le nom de hardi.

Le roi de France rendit les armes à Denis de Morbecque, chevalier d'Artois. Là retentirent les cris de guerre : *Montjoie, Saint-Denis, et Preuilly-Eschivard,* ainsi que les clameurs : *Saint-Georges, Guyenne.* Là, se firent maintes prouesses où les phalanges des esprits célestes, vinrent chercher les âmes des preux chevaliers tombés dans les vallons sinueux. La plaine de Civeaux, comme un immense ossuaire, renferme une quantité considérable de cercueils en pierre de la noblesse française qui expia sa vaillance irréfléchie par le trépas de ses plus illustres membres, martyrs du devoir, consolés par les espérances immortelles qui n'auront pas été trompés devant Dieu. Les fleurs jonchées sur ce champ de bataille sont devenues des lis !

Parmi les chevaliers français blessés, on remarque *Robert de Sillé*, qui avait épousé Jeanne de Maillé, qui fut ensevelie avec l'habit de sainte Claire dans l'Église des Cordeliers à Tours, où des miracles nombreux s'accomplirent à son tombeau.

Il fallut cent ans pour effacer la honte d'une semblable défaite ; n'oublions pas cependant que l'invasion étrangère créa la Patrie française.

La noblesse française trouva de dignes rivaux dans les chevaliers anglais, tant en loyauté qu'en talents militaires.

Les Maréchaux de Sancerre, de Blainville, d'Andreham donnèrent la chasse à Robert Knolles, à James d'Angely, au comte de Pembrock.

La Roche-Posay qui relevait de la couronne, tomba au pouvoir d'une de ces bandes anglaises commandées par Basquin de Poncet, qui s'était déjà emparé de la ville et de l'abbaye de Cormery. Les habitants furent employés à réparer les murs, à élargir les fossés.

De l'ancienne forteresse, il reste un donjon qui semble renouer la chaîne rompue des temps. Il donne une idée de la puissance des Barons de la Touraine, hommes-lige de l'Archevêque de Tours et qui en cette qualité, ainsi que les chevaliers d'Angé, de La Haye, d'Azay-sur-Cher, portaient le Prélat sur son siège lors de son intronisation.

Cette chaise patriarcale offrait la représentation des anciens patriarches d'Alexandrie, d'Antioche, de Constantinople et de Jérusalem. Cette pompeuse cérémonie s'éteignit vers la fin du xvi⁰ siècle. Seul aujourd'hui le souverain Pontife est porté sur la *sedia* rappelant cet ancien usage par lequel tout nouveau chef de guerre était proclamé par ses *Leudes* et porté par eux sur un bouclier.

Pendant cette guerre de Cent ans on se battit vigoureusement de part et d'autre ; dans chaque affaire les casques et les brassards volaient en éclat, les cuirasses brillantes se teignaient de sang, la terre se jonchait de cadavres. C'est ainsi que Thomas, comte de Dorset et d'Irlande, Maréchal de l'Ost, dut battre en retraite de Preuilly sur la Roche-Posay poursuivi par les troupes du sire de Bueil, aux ordres du Maréchal de Sancerre, frère d'armes de Duguesclin et de Clisson.

Les français entrèrent dans le donjon de la Roche-Posay, d'où le chevalier de Kerlouët se rendant au pont de Lussac, délogea les troupes de Jean Chandos, Sénéchal du Poitou et fut blessé mortellement par Jacques de Saint-Martin. Malheureusement les Bretons et les Français ayant eu un premier succès furent faits prisonniers, les gens chargés des chevaux s'étant sauvés en les emmenant.

Ce sont de ces évènements qui laissent des traces ineffaçables.

Dieu fait les grands hommes et leur assigne des missions conformes à leur caractère et à leur génie. Du Guesclin faisait trembler une nation par la seule terreur de son nom. Réunissant donc ses forces au service de Charles de Blois, la ville de la Roche-Posay prêta son concours à sa marche sur le Clain affluent de la Vienne, où il fut blessé à l'assaut du château de Dissais, près Saint-Georges.

A la liste des grands capitaines de ce siècle, se rattache encore Bousicaut, originaire de la Touraine, succédant comme Lieutenant-général à Jean de Saintré.

On disait de ces deux gentilhommes :

« Quand ce vient à un assaut
« Mieux vaut Saintré que Bousicaut ;
« Quand ce vient à un traité
« Mieux vaut Bousicaut que Saintré ».

C'est pendant la paix que l'homme jalonne les champs de bataille de monuments élevés aux morts pour la Patrie, afin de perpétuer la mémoire de leur héroïsme.

Leur sang comme celui des martyrs fait renaître un peuple plus vaillant. Ce sera encore à l'ombre de ces mêmes monuments que se feront de nouveaux combats pour notre indépendance ; car, le sentiment qui pousse la France à conquérir sa frontière orientale est presque aussi vieux que celui de sa nationalité.

On se rend au pied de ces tombeaux qui marquent autant d'étapes sanglantes, drapeaux flottants, trompeltes sonnant pour y déposer quelques couronnes ornées de rubans tricolores, en un pompeux appareil, par malheur la plupart de ces manifestations sont vides de sens chrétien. La douleur est l'état d'une civilisation qui marche, elle est comme le baptême des nations progressantes.

*
* *

La longue période de paix qui succéda à ces commotions fut troublée par les apôtres de la réforme ; avec ces luttes fratricides qui s'arrachent tour à tour, un lambeau de la mère Patrie, les Huguenots cherchèrent à se créer une indépendance qui leur permit de vivre en dehors de l'autorité royale. Cette secte apparaît aux mauvais jours comme les oiseaux de proie sur de nouveaux champs de bataille, où il y a des cadavres à dévorer, dès lors, l'erreur épaissit de plus en plus les nuages qui enveloppent la vérité.

Le massacre des protestants à Vassy, ordonné par François, duc de Guise, 1562, fut le signal des guerres de religion. Les protestants dans la Touraine usent de représailles. A la Roche-Posay, on brise les statues religieuses surmontant les portes des maisons, suivant la dévotion du temps ; on saccage l'abbaye de Preuilly voisine. La haine populaire devient monstrueuse dans ses soubresauts spasmodiques périodiques ; car elle ne sait jamais mettre des bornes à ses vengeances. Aux bandes armées ne cessant de sillonner le pays par le feu, le fer et le pillage, la faim achevait ce que le glaive avait commencé. Et voilà qu'aux meurtres de François de Lorraine et du duc de Montmorency, les soldats catholiques du Maréchal Saint-André répondent en semant la terreur. Condé, chef du parti calviniste est assassiné après la bataille de Jarnac 1569, où les catholiques commandés par le duc d'Anjou (Henri III) sont victorieux. Coligny est battu à Montcontour, par l'habileté d'une manœuvre de Jean Babou de la Bourdaisière, né à Tours, alors grand maître de l'artillerie de France, la cavalerie de Santa-Fiore tailla en pièces l'infanterie Allemande (3 octobre 1569).

Honoré de Savoie, baron du Grand-Pressigny, en Touraine, reçoit le bâton de Maréchal, lorsque la Saint-Barthélemy vient ensanglanter la France entière, un crêpe lugubre se répand par degrés sur toutes les provinces, néanmoins quatorze bannières prises par Charles IX sont déposées sur le tombeau de saint Pierre.

La *Saint-Barthélemy* ne fut qu'une mesure défensive contre de criminels agresseurs, pris à leurs propres pièges; une affaire de proscription politique.

Et, si tout le monde connaît la Saint-Barthélemy, combien connaissent la *Michelade*, massacre des catholiques, exécuté le jour de la Saint-Michel, dans le midi, en 1567, qui ne fut qu'un raffinement de barbarie. *Vengeance!* criait-on d'un côté, *Pardon!* répétait-on de l'autre, l'oubli et l'union ne vinrent jamais. Les compilateurs du xvie siècle, racontent un horrible tumulte qui aurait eu lieu dans l'air autour du *Louvre*, pendant sept nuits après celle de la Saint-Barthélemy, pareil à celui qu'on avait ouï la nuit du massacre.

La désolation fut si grande que quelques-uns, ruinés, déshonorés, se tuèrent de leurs propres mains, en priant le ciel de les venger; car, on ne saurait exprimer les cruautés qui se commirent de part et d'autre.

La France semblait marcher à pas de géant vers l'abîme. Les calvinistes, sous la conduite de La Loue, portent l'incendie aux châteaux d'Etableaux, Chanceaux, Paulmy, profanent les sépultures des seigneurs de Champigny-sur-Veule, d'où les coreligionnaires furent repoussés par les troupes de Louis de Bourbon, duc de Montpensier, alors Lieutenant-général du duché de Touraine.

Nous ne suivrons pas davantage les diverses phases de ces déplorables querelles religieuses, comme celles de la Ligue.

On eût dit en Touraine, que les protestants avaient adopté la devise barbare des anciens Romains : « Malheur aux vaincus ! », tant furent tristes et sombres ces drames.

Il serait plus moral d'ensevelir dans l'obli toutes ces manœuvres, en effet, une pareille guerre fondée sur l'intrigue, le soulèvement des campagnes et l'armement des citoyens les uns contre les autres, ne peut guère procurer de la gloire.

Tous ces désastres ne purent être réparés immédiatement : les historiens ont déploré ces procédés et reconnu que de pareils excès sont une honte pour les partis.

La Touraine resta dans un état de malaise dont elle ne se guérit complètement, qu'après une longue suite de jours de paix et de tranquillité ; car, les champs ravagés et sans culture, les récoltes détruites par le pillage, offraient sur un sol fertile toutes les détresses d'un vaste désert. Le développement artistique fut aussi brusquement arrêté.

Le donjon de la Roche-Posay est un témoignage permanent de son ancienne prospérité, de sa noblesse ; à son origine, il devait être regardé comme difficile d'être emporté d'assaut. Au pied de ses hautes murailles, les troubadours y venaient chanter les nobles preux, en des refrains où la mélancolie, un peu monotone, a quelque chose qui pénètre, qui émeut et fait jaillir dans le cœur, des souvenirs.

Ce donjon présente une valeur historique et archéologique, comme ayant fait partie d'un système de défense chargé de couvrir la province de la Touraine et de la défendre de toute incursion partant du Berry ou du Poitou. Par sa position, il protégeait l'un des flancs de la grande route de Paris aux Pyrénées, suivie par tous les conquérants.

En arrière, les hautes forteresses de Preuilly, d'Etableaux, du Grand-Pressigny, lui servaient d'appui ; que de nombreuses et nobles victimes ont souffert et ont expiré en leurs murs !

La plus ancienne mention qui soit faite des seigneurs de la Roche-Posay, se trouve, en effet, dans l'histoire de ces seigneurs qui allaient de pair avec les maisons suzeraines.

L'église paroissiale de la Roche-Posay fut élevée dans des temps sans cesse troublés par les guerres, aussi fut-elle fortifiée de façon à pouvoir au besoin, servir de refuge aux habitants, comme l'attestent les tours à machicoulis qui la flanquent au nord.

L'homme a toujours trouvé un abri consolant dans les églises où Dieu a daigné fixer sa demeure ici-bas. La couleur grise de la pierre nue lui donne une conception idéale. La façade porte la trace des arquebuses du xve siècle, lors de l'assaut des troupes du sire de Bueil, aux ordres du maréchal de Sancerre, contre les Anglais, commandés par le comte de Dorset.

Ceux qui passent par là, verront à l'intérieur de l'église, un bas-relief provenant de l'ancienne abbaye de la Merci-Dieu, et représentant la Nativité, puis un rétable orné de statuettes en bois doré, de saint Martin et de saint Eutrope, qui fut invoqué au moyen âge, pour la guérison de l'hydropisie.

Une plaque de marbre noir rappelle la mémoire de Mgr de Chasteignier, fils de Louis, baron de Preuilly, seigneur de la Roche-Posay.

Divers écussons figurent à la retombée des arceaux

omme scel des bienfaiteurs, armoiries qui succédèrent ux statues des seigneurs érigées au frontispice de nos difices religieux.

Si les pierres frustes de l'antique clocher à toiture à eux pans se désagrègent, si quelques profils ont perdu le la netteté de leur contour, accidents qui ne déparent as plus un vieux monument qu'une couronne de cheveux blancs ne dépare la tête d'un vieillard, le torrent les âges n'a pu ruiner ses fondements ; il a vu les flots umultueux des bandes soldatesques gronder à ses ieds ; il a entendu le fracas des trônes s'écroulant ; il vu les orages populaires niveler les orgueilleux donons féodaux et moissonner les héros dans la plaine où es blés semblent tresser des gerbes à leur mémoire.

Il voit de nos jours notre liberté traînée dans son gonie, des frontières d'Alsace-Lorraine aux rives de la idassoa.

Quelle affreuse chose que les révolutions, les guerres iviles, les bouleversements des Etats ! Faut-il donc ue l'homme justifie ce cruel adage : *homo homini upus !*

UNE EXCURSION A L'ANCIENNE ABBAYE
De Fontgombault (Indre)

L'historique d'un monastère est une page détachée de l'histoire de l'Eglise et de la Société, nous y rencontrons tour à tour la lutte et la paix, la prospérité et la décadence.

Non loin de la petite ville de la Roche-Posay, l'abbaye de Fontgombault assise dans une délicieuse vallée de la *Creuse*, offrait tous les avantages de la solitude que la Providence se platt à distribuer aux moines.

L'origine remonte à *Gombault* qui fut un simple, vers le milieu du ·x° siècle. Comme tous ces premiers anachorètes, il vécut, prêcha, fit des miracles, attira des disciples qui, comme lui, occupèrent les grottes au flanc du coteau abrité par les bois.

Une source ou *fontis* fut le principe de *Fontgombault, Fons Gombaldi*.

Vers la fin du xi° siècle, un ermite, Pierre de l'Etoile, jeta les bases d'une première abbaye sur l'emplacement qu'occupe le monastère sur la rive droite du cours d'eau.

On a remarqué combien ces fondateurs religieux, pour mieux contempler le ciel, aimaient à donner un splendide horizon terrestre à leur vie détachée du monde, et avec quelle exquise poésie est posée la première pierre de tant de vieux monuments.

Les dons affluaient à cette époque de foi ; on donnait son or par amour des hommes et l'on se donnait soi-même par amour de Dieu.

C'est ainsi que sur un autre point du sol, Robert, surnommé d'Arbrissel, du lieu de sa naissance qui est un village de Bretagne, fondait l'abbaye de Fontevrault *Fons Ebraldinus*, pour honorer l'obéissance du *Fils du Charpentier* et de la *Fileuse de Nazareth*. Il fut honoré d'un culte public qui n'a été interrompu que par le fait de persécution de la fin du xviii° siècle.

Les temps modernes ont changé la destination de ces monastères, et devant une pareille transformation, n'y a-t-il pas lieu de s'écrier : « Ainsi passe la gloire du cloître ! » comme on l'a dit de la gloire du monde !

En 1140, la consécration de l'église abbatiale de Font-gombault eut lieu sous le vocable de Notre-Dame. Le fondateur qui y établit la règle de saint Benoît, prit le titre d'Abbé de Sainte-Marie et de Saint-Julien de Gombault.

Jusqu'au xvi° siècle, l'abbaye fut florissante, mais en 1569, les Huguenots y portèrent la dévastation ; il ne resta que le chœur avec ses chapelles rayonnantes et les galeries supérieures.

Aux jours de deuil qui couvrirent la France, les Trappistes, lors de l'abolition des vœux monastiques, le 13 février 1790, quittèrent leur abbaye sans rentrer néanmoins dans le monde.

L'abbé de Lestranges se réfugia à l'étranger, suivi d'un groupe de religieux, et ils s'établirent en Suisse, à la *Val-Sainte*, ancienne chartreuse située au pied de la *Berra*, fondée en 1295 par Pierre de Corbières, seigneur de Charmey. Devant la marche des armées Républicaines sur Gênes qui perdit sa liberté le 5 avril 1798,

les trappistes durent se disperser à nouveau ; la persé
cution a de tout temps suscité des actes de dévouement
les plus admirables.

Vers 1849, une colonie de trappistes de *Bellefon-
taine* venait se fixer sur les bords de la Creuse, afin de
rendre la vieille abbaye à la destination de son premier
berceau ; au silence qui planait sur les ruines succédèrent la prière et le travail manuel. De jeunes générations de moines se pressèrent dans ses murs comme les
pousses percent le vieux tronc d'arbre qui les nourrit, et
dix ans après, François Pellan, en religion Dom Marie
Dosithée était proclamé abbé.

Le 9 septembre 1878, dom Marie Albéric, alors
directeur de la *Colonie de Cingé* lui succédait. Sa
dépouille mortelle repose au cimetière du monastère.
Son âme, comme une lampe mourante eut un redouble-
ment de clarté et vit nettement le désastre qui devait
s'abattre sur ses religieux.

Dom Fortunat Marchand, dernier abbé sur la terre
de France, est allé fonder un monastère de Notre-Dame
du Jourdain, à Scio, en Orégon, dans la République des
Etats-Unis sur l'Océan pacifique.

Les trappistes qui venaient de rendre à l'abbaye de
Fontgombault son antique illustration, n'ont laissé en se
dispersant loin de ce lieu, qu'un asile à leurs morts.

Puissent les catholiques de France ne jamais oublier
ces exilés en leurs mystérieuses joies du sacrifice, mais
que Dieu semble associer à la gloire de ses desseins,
tout en continuant la pacifique mission qui a civilisé le
monde et sanctifié le globe.

L'Eglise a été inébranlable à travers dix-neuf siècles
d'orages ; pourquoi ne le serait-elle pas au milieu des
tempêtes contemporaines? au mileu des grandes épreuves du passé, nos pères ne se sont pas découragés. La
religion a fait leur force, comme le bonheur des peu-

ples. — Faisons comme eux, et relevons la tête. — Reconnaissons néanmoins, que si les lois ne peuvent s'accomplir sans mélange de maux, notre époque constitue un réveil et d'étonnants progrès.

Un moulin à eau s'élève près d'une écluse, autrefois les frères convers y cultivaient quelques plantes de jardin, dont les fleurs ornaient l'autel de *N.-D. du bien mourir*, en grande vénération en l'église abbatiale.

Près de la barrière établie sur la rivière, pour retenir les eaux qui jaillissent parfois impétueusement, et que les rayons du soleil embellissent de magnifiques iris, est une barque avec laquelle un passeur vous conduira sur l'autre rive, ou a été construite une chapelle dédiée à saint Julien, et renfermant les corps de quelques disciples fidèles, qui reposaient de leur dernier sommeil dans l'antique chapelle rustique des *ermites*.

Non loin, une source qui ne tarit jamais, un sentier serpente sur le penchant de la colline boisée, où domine le signe du Rédempteur, et près duquel, aux temps moyen âgeux, il était défendu d'y attaquer un ennemi refugié comme en un lieu de sûreté.

De ces hauteurs, on jouit d'un splendide panorama, les heures s'y écoulent agréablement, des chants en chœur d'oiseaux charment les oreilles, alors qu'une impression de paix heureuse vient remuer votre âme. Souvenir qui ne saurait jamais s'effacer, tellement le site est pittoresque, frais, riche et varié. Il établit un perpétuel contact entre l'homme et les œuvres du Créateur.

Rien n'est beau comme Fontgombault, quand le soleil couchant ternit de ses rayons adoucis le monastère, et le fait apparaître dans le fond de l'azur, comme une maison d'or.

Si les fidèles qui professent la vraie religion, s'attristent à la vue de ces lieux, le penseur ne pourra oublier que là vécurent des hommes appartenant à toutes les classes de la société, devenus de pauvres trappistes, sous cette robe de bure qui efface la distinction de race. Ces hommes donnaient leur vie pour une entreprise chrétienne et morale. Les révolutions ont pu détruire leur œuvre, mais Dieu entend chaque jour la prière de son Eglise, et en rappellera ses Ministres à l'heure qui lui semblera utile.

C'est à ses concitoyens que le moine consacrait sa vie toute d'immolation, toujours il aimera sa Patrie, parce qu'il a toujours souffert pour elle !

L'Eglise abbatiale, récemment restaurée, offre un haut intérêt. Son ordonnance et ses dimensions fixent l'attention des antiquaires, comme faisant partie de ces édifices romano-byzantins, qui précédèrent ces autres œuvres de génie, d'une hardiesse inouie, qui s'élevèrent avec l'ogive. Une vie d'homme ne pouvait voir l'achèvement de ces œuvres de pierre et... de foi.

C'était un héritage pour les peuples, qu'une génération léguait à celle qui la suivait.

Sous ces voûtes qui ont retenti aux chants psalmodiés, de générations de religieux, on est saisi de vifs sentiments d'admiration et de respect. Les clefs de voûte chantent à l'âme le *Sursum Corda,* qui l'arrache aux misères de ce monde. L'art chrétien, en effet, a la mission sublime d'élever l'âme humaine, par le visible à l'invisible. L'art devient l'auxiliaire naturel de la religion : le culte en a besoin, non seulement pour bâtir les édifices où il rassemble les fidèles, mais aussi pour donner aux croyances et aux sentiments dont il procède, l'expression qui leur est propre.

Dans la somptueuse cathédrale, comme la modeste église de campagne, on retrouve le culte spécial de la Vierge. L'église de Fontgombault renfermait une statue de pierre connue sous le vocable de « *N.-D. du bien mourir* ». Sauvée déjà lors du pillage des Huguenots, elle fut de nouveau épargnée au moment de la tourmente Révolutionnaire.

On l'invoque pour la conversion des pécheurs impénitents à l'heure de la mort.

Quand le sang de Dieu ne coule plus sur les autels, le sang de l'homme se répand sur les places publiques, et à l'heure actuelle, on se demande qui l'emportera, de la décadence ou de la rénovation.

TABLE DES MATIÈRES

Le Mans. — Imprimerie Monnoyer, 12, place des Jacobins. — 1909.